WHY
DOES
PRINCE
CHARMING
WANDER
AROUND
?

WHY
DOES
PRINCE
CHARMING
WANDER
AROUND
?

WHY DOES PRINCE CHARMING WANDER AROUND ?

WHY
DOES
PRINCE
CHARMING
WANDER
AROUND
?

WHY DOES PRINCE CHARMING WANDER AROUND ?

WHY
DOES
PRINCE
CHARMING
WANDER
AROUND
?

백마 탄 왕자들은 왜 그렇게 떠돌아다닐까

童話裡隱藏的世界史

Why does Prince Charming Wander Around ?

朴信英——著

蔡佩君 譯

推薦序

透過童話理解世界史

胡川安
國立中央大學教授
作家

「很久很久以前……」

故事總是這樣開始的，從小聽著長輩跟我們說著一個一個的童話故事，然後再將童話故事傳承給我們的下一代，但童話故事究竟是從什麼時候開始的呢？知名的格林兄弟在十九世紀收集了相當多的「格林童話」，其中有些故事的歷史竟然長達上千年。

近來人類學家和民俗學者的研究也證實了格林兄弟的說法，透過兩百七十五個童話故事，再援引生物學的相關研究方法，英國的人類學家泰拉尼（Jamie Tehrani）和葡萄牙的民俗學家達席瓦（Sara Graça da Silva）指出很多西方的童話故事早在六千年前就開始了。

童話故事的起源可說是跟人類文明的興起一樣久，當人類有比較複雜的表達能力時，就會透過故事理解世界，並且在傳承故事的過程中，加入每個時代不同的特色，讓童話故事留著時代的印記，因此，童話故事也可以說是廣義的史料之一，《童話裡隱藏的世界史》透過從小每個人都在聽的童話故事，抽絲剝繭的傳達背後的歷史訊息。

打開書的第一則故事就是到處亂晃的白馬王子，童話中的《睡美人》（*Sleeping Beauty*）和《白雪公主》（*Snow White*）最後都有拯救公主的白馬王子，為什麼白馬王子會到處出現？而且哪來那麼多的白馬王子？由此可以透露出真實的歷史訊息嗎？羅密歐與茱麗葉至死不渝的愛情故事象徵著什麼樣的時代背景呢？《哈利波特》（*Harry Potter*）當中的角色象徵著什麼樣的成長過程？

這本書都可以給讀者們詳盡的解答，以往那些熟稔的童話故事，還原到歷史情境中，王子與公主浪漫的故事或許破滅了，但在閱讀的過程裡，反而讓我得到更多的故事和背後的時代意義，也可以知道隨著時代的不同，不合時宜的故事情節逐漸被刪除，以符合當時的養育觀念。

透過《童話裡隱藏的世界史》也讓我讀到每個時代對於童年看法的不同，還有兒童養育方式的差異。我們現在細心照料自己所生育的小孩，認為孩子是「天真的小天使」，而且提倡以鼓勵代替責罵，但不是每個時代和社會都如此。

在《童年人類學》（*The Anthropology of Childhood:Cherubs, Chattel, Changlings*）中，人類學家大衛・藍西（David Lancy）大規模的觀察人類不同的社會，發現我們現在「幼兒至上」的觀念是晚近受到美國文化影響所致。這本書中提到的《紅舞鞋》（*The Red*

Shoes）中的卡蓮，或是《花衣魔笛手》（*Rattenfänger von Hameln*）都可以讓我重新思考兒童養育的一些議題。

透過童話理解世界史，的確是一種書寫歷史的新方法，讓讀者既熟悉又陌生，每個人都熟悉那些童話故事，但同時又陌生於童話故事所在的時代背景。

童話故事中的人不再只是公主與王子過著幸福快樂的日子而已，他們有著不順遂的人生，也有必須面對的難題，有血有肉，有喜有悲，如同我們一樣。

推薦序

學習在大歷史與小歷史之間 換位思考，迎向未來

耿一偉
臺北藝術大學戲劇系兼任助理教授

近年在看《我只是個計程車司機》、《軍艦島》及《與神同行：最終審判》等賣座韓片時，我發現裡面有很多「換位思考」，好人與壞人的對立不是絕對的，表面的好人經常也有壞的一面，平庸的邪惡也有不得已的時候。這幾部影片也展現表面的對立是如何受到國家或民族等絕對思考的形塑——簡單來說，就是歷史的力量。

等讀完《童話裡隱藏的世界史》，我才發現這樣的多元理解，在韓國並不是特殊的現象。這本淺顯易懂的暢銷書，處處展現設身處地的同理心，強調只要能掌握換位思考，「過去的歷史大門將會關上」（頁一九六）。

人與人之間會彼此互相傷害，在於我們認為自己的原則絕對是對的，喜歡用類型或概念來掌握他者，比如猶太人或是「非我族類，其心必異」等，不願面對活生生的個人，去觀察刻板印象背後的細節，懼怕複雜化的多元理解。

《童話裡隱藏的世界史》讓我們懂得謙虛，理解到之前習以為常或信以為真的許

多事都是被歷史建構的。而且這些都是大寫的歷史，只著重統治者權力的有效性，壓抑不同的雜音，而那是一樣值得關注的小寫歷史。

在這本書中，我們會讀到很多小寫的歷史，它們是那麼的有趣，比如在歐洲為何紅髮會成為歧視的象徵，或是英國寄宿學校的種種有趣典故。《童話裡隱藏的世界史》讀來令人興味盎然，相信每位讀者都會有所收穫。

以我自己為例，即使住過歐洲，去過很多地方，喜歡大量閱讀，但我還是在這本書中發現許多之前不知道的典故與觀點。

可能受到小時候聽外婆說故事的影響，作者朴信英在談論不同事實與觀點時，口氣總是溫和而堅定，沒有諄諄教誨的高傲姿態，或是得理不饒人的全力批判。

她相信讀者具有完整獨立的判斷力，並在本書結尾強調：「希望大家能夠欣賞各個民族間不同版本的灰姑娘。這當中不僅能看出該時期的歷史與社會背景……我們每個人都有遇見其他灰姑娘的權利，也有權利透過不同的故事來理解世界，一同成長。」（頁二九九）

雖然書名是《童話裡隱藏的世界史》，但主角並非只有童話，尤其是第二部與第三部，甚至把大量焦點放在歷史以及莎士比亞或雨果等人的文學作品。

我覺得這樣的書寫策略很有趣，讓原本想透過童話閱讀世界史的讀者，到最後卻發現世界史往往也是隱藏版的童話，具有神話的功能，是一種過度簡化的世界觀。

朴信英提倡閱讀的力量，尤其是「現在的孩子……沒有時間閱讀，單靠手機和電腦接觸世界，他們能和我們一樣從豐富多采的故事中成長嗎？」不少線上遊戲都採用神話或大寫歷史（比如奇幻小說或二戰），其中角色的善惡對立也是絕對的，在追求擊敗對方的終極目標之下，根本沒有換位思考的空間。但是換位思考必須建立在對事實的理解與尊重上，而這唯有透過大量閱讀才能達到。

《童話裡隱藏的世界史》的參考文獻有一〇三本歷史專著，其中三十四本是韓國人自己寫的西方研究，等於是三分之一，足見韓國已有完整獨立的世界觀。

另外，我觀察到一個有趣的現象：書中大部分都是西方的例子，偶爾才會畫龍點睛地提到韓國童話或相關歷史。

我相信作者這樣做是有特殊用意，她要把最美好的那一塊蛋糕留給我們。那就是對於亞洲的童話與歷史，不論是自己或鄰近國家的，都需要靠我們自己去提問，去挖掘那些被隱藏的聲音。我們應該期許自己可以成為另一位朴信英。

推薦序

進擊的讀書心得

蕭秀琴
作家

這一本翻開之後就停不下來又會一直停下來的書，是歷史書，也是一本讀童話的歷史筆記。《童話裡隱藏的世界史》不僅寫出了一般人童年時期讀童話的困惑，甚至，跟著作者朴信英的獨特心靈看世界，還會讓讀者發出「哇！」原來還有這件事的讚嘆。

不能停下來是因為這本書從第一章就以最吸引人的白馬王子挑起讀者好奇，並拋出為何白馬王子要到處亂晃且剛好就能遇到公主的提問，接下來還有讓我們期待的巫婆、狼人等角色登場，以及黑森林在哪裡等種種有趣的問題，讓人想要一口氣讀完。但是，這本書的主題是大部分人的童年記憶，在閱讀過程中會不斷回憶、停頓，把我們帶回童年閱讀的美好時光。

童話被歸類在兒童文學，是神話故事、鄉野傳奇、地方史的精髓濃縮，以及當地民族採集者或詮釋者（當代的編輯與作家）的世界觀，例如我們熟悉的日耳曼格林兄弟的《格林童話》、北歐丹麥的《安徒生童話》，以及早期法國作家夏爾·佩羅蒐集的童話集等，而這些故事也都是本書取材的主要內容。若能以歐陸各地區的歷史脈絡為主軸，輔以時間相呼應的童話故事章節，你會發現讀完本書之後，到高中時期所該具備的西洋史知識幾乎臻至完備。因此，這一本書也是很好的歷史課補充教材，能增進我們對教學課本外的細節與豆知識。

例如《白雪公主》中皇后的魔鏡，埃及人在公元六千年前就開始使用鏡子，但古時候的青銅鏡與玻璃鏡不夠清晰，要到威尼斯人用錫與水銀塗在鏡子背面以後才比較能顯像清楚，而古時鏡子的模糊影像竟成了巫婆的魔鏡，這一段中世紀的獵巫史雖是大歷史中的小細節，卻能讓讀者更深刻的理解法國大革命以前歐洲各公國間的民族交戰、聯姻，以及領地的劃分特質，因此，有心的讀者在閱讀過程中配合世界地圖一窺全貌，又會得到不同的樂趣。

從這一本書的敘事也可以看出作者有一顆開放的心靈，是一位打破框架的說故事者。尤其，閱讀歐洲史有一大段時間必須跟著羅馬史與基督教發展的歷史脈絡，隨著時代的演進，早期童話版本與後期受現代化影響的童話版本，呈現了不同的民族性和人類心靈圖譜，作者為此做了一些童話的版本比較，讓讀者閱讀時的歷史脈絡更加清晰明白。

另外，像是西洋史中，東西羅馬帝國、鄂圖曼土耳其帝國、拜占庭和神聖羅馬帝國如何區分？跟著作者的提問與追尋歷史的過程，就能對這段複雜的歷史有較深刻的瞭解。

除了歐陸歷史脈絡，童話故事裡的英國史與航海時代造成的美洲史，也可以在這本書中找到一探究竟的途徑。《亞瑟王傳奇》（*The Age of Chivalry*）中日耳曼民族擴散的軌跡，《紅舞鞋》裡清教徒遷徙的歷程，《愛的教育》（*Cuore*）有一則〈尋母記〉（*Dagli Appennini alle Ande*），也就是我們熟悉的「萬里尋母」的故事，跟義大利人移民南美洲阿根廷的歷史息息相關。看完這一本書，好像讀完一部簡明的西洋歷史。

對於一位經常自省與探問的作者來說，這並不足夠，在寫作的過程中，她不斷與自身所處的韓國社會情境與歷史脈絡做對照，回過來梳理自己的國族史。

最後一章講的是大家最常使用的灰姑娘，從最早版本的灰姑娘、迪士尼改編後的仙杜瑞拉，再回到韓國童話《大豆紅豆傳》，談女性獨立自主在歷史進程中搏鬥的演變，回歸到作者寫故事的初衷：說故事，說一個能被傳頌很久的故事，是人類的本能。

推薦序

那些公主與王子教我們的事

螺螄拜恩
暢銷人氣作家

很久很久以前（童話故事必備起手式），有一系列名為《令人〇〇的格林童話》在臺灣出版，內容以《格林童話》為創意來源，加上些許來由不清之傳說史料，將《格林童話》改寫為羶色腥且蘊含暴力情節之刺激故事，一時之間蔚為風潮，人手一本小黃書，還可正色對父母師長說：「我在研究歷史典籍好嗎!?」（嚴肅推眼鏡～）

其實個人不在意該系列小說是否會「令人站立」（到底是哪裡站立說清楚!?），亦不擔憂格林兄弟九泉之下難以瞑目，畢竟從各種作品或日常人、事、物中汲取創意，創作作品是創作者的自由。我擔憂的是，由於網路上以訛傳訛，許多讀者誤以為其乃《格林童話》真實原典，至今仍有許許多多誤會尚未解開。

童話故事與經典小說背後有諸多值得探究、討論的著作脈絡與背景，人們幼年時期翻閱，獲得的是建基於精彩情節上之純粹閱讀喜悅；長大成人後，歷經潮起潮落、伴隨酸甜苦辣之人生歷練，重讀舊作則可擷取不一樣的感情或美學體驗，淵遠流長的歷史賦予作品深刻教誨、寓意，故我一直殷殷期待，希望出現一本正本清源的好書，輕輕拂去包覆在童話上的氤氳霧靄，賦予舊作品新精神、新生命、新知識，而這本書正是《童話裡隱藏的世界史》。

《童話裡隱藏的世界史》由熱愛文學的韓國作家朴信英所著，跟眾多讀者一樣，閱讀是她生命的養分、靈魂的救贖、孤單時的同伴、漫漫長夜之引路者，其啟蒙者是多達五十本之《世界名著童話全集》。兒時對劇情的疑惑逐漸積累，成年後，朴信英開始探索故事背後隱藏之歷史、政治及文化，挖掘表象下的真實，以二十九篇知名文學為主題，討論史實與故事的連結，不同年代、社會風俗習慣對童話的影響，進而開拓讀者的眼界與世界觀。

掩住你的嘴巴，停止打呵欠，千萬別以為「歷史」即代表枯燥、無聊、乏味。把我們過去學習的僵化填鴨式教育拋諸腦後，年表、朝代、何地出產鐵礦、何地又種植大豆不再那麼重要。

《童話裡隱藏的世界史》全書提供脈絡分明的完整史觀，將沉悶單一的選擇題和填空題，延展為無限遼闊的問答題，白馬王子、吸血鬼、吹笛手、聖女貞德、灰姑娘等知名角色都從紙頁上活過來，揮舞代表正義的長劍或輕快翻飛洛可可式蓬裙，隨悅耳又神祕的笛聲翩翩起舞。

本書依角色類型和故事調性分為四大部，首部敘述狼人、巫婆與壞皇后等角色背後的歷史真相，例如：白馬王子、睡美人的王子和長髮公主中的王子，為何總是閒來無事四處「趴趴造」？難道「流浪到淡水」也是王子肩負的使命之一？

書中引經據典，說明中世紀王子的悲歌，在星羅密布的小國中，雖貴有王子之名，然次子以下卻無繼承權，只能離鄉背井，經由騎士修行尋覓另一半。撿到像白雪公主這種能繼承國家王位的公主可謂賺到了！與其說白雪公主覓見良人，不如說白馬王子中了頭彩，透過締結婚姻便能獲得自己的王國與歸屬，無怪乎之後每個王子都著迷似地摸著魔鏡問：「魔鏡啊魔鏡，請問哪裡有免費的公主可以撿？」（並沒有好嗎！）

第二部則討論在政治利益拉扯下重生的英雄。本章節極適合搭配當代神話學大師喬瑟夫・坎伯（Joseph Campbell）的《千面英雄》（*The Hero with a Thousand Faces*）一同閱讀，兩者對於英雄的誕生、崛起和殞落，均有通透明澈之解析、看法，令人獲益良多。

譬如在歷史上真實存在的德古拉伯爵（弗拉德三世）為何被視為吸血鬼的化身？在羅馬尼亞境內，弗拉德三世明明是忠誠的基督教徒，勇猛對抗伊斯蘭勢力，與鄂圖曼土耳其帝國數次交鋒，是驍勇善戰的民族英雄。然而因其執法嚴峻，兼之西方人對其他人種的偏見與不解，弗拉德三世被披上邪惡的外衣，成為吸血鬼的原型，散布名為「恐懼」之瘟疫。

由上述簡單舉例可知，《童話裡隱藏的世界史》考據詳實嚴謹，解說細膩入微，除卻周詳歷史考究外，更搭以多幅地圖、傳世名畫與版畫等輔助說明，為童話背後的世界史，增添活潑有趣的生命力。

更難能可貴的是，韓國社會的封閉文化與低下女性地位，和古老童話中的帝國主義、白人男性霸權，彷彿兩座互相映照的鏡子，舉例來說，書中第四部提及《灰姑娘》在歐亞大陸有近千個版本，一八一二年的格林童話版，原欲傳達女性自力更生、獨立自主的概念；然而迪士尼採用一六九七年法國作家夏爾・佩羅的版本改編為動畫電影，雖然夏爾・佩羅筆下的灰姑娘綴有更多精靈奶奶、老鼠僕役等幻想元素，但坐享其成、等待他人救援的仙杜瑞拉卻釀成了一股根深蒂固的「灰姑娘情節」。

故作者在書中極力填補文化與時代鴻溝，關心並強調文本中的種族、性別與政治意識，消弭歧視，推動全新價值觀，是本寓教於樂、立意深切，適合大人與小孩細細品味的佳作。

推薦序

探險吧！一起到童話裡找真相

朴弦熙
韓國禿山高中社會科教師

充滿好奇心的人總糾結於別人覺得平凡無奇、索然無味、理所當然的問題，他們無法對問題視若無睹，總是不停提問：「真的嗎？」、「為什麼？」、「是誰？」、「原因是？」、「結果是？」

好奇心促使他們放棄平淡人生。這是一種與生俱來的能力，也許你可以稱他們為「疑問種族」，而作者朴信英正是其一。

作者挑出的三十幾篇故事，都是我們熟悉的內容。有些故事我們看過原著（很少），有些我們讀過簡編版，有些我們看過電影、音樂劇，有些被迪士尼重新詮釋，有些則是日本吉卜力工作室出品，因此即使沒看過故事，但對內容也一定略有所知。

作者丟出許多讀者們從未思考過的問題，與讀者一同展開一場尋找答案的冒險。這場冒險雖然艱辛，卻也為我們帶來許多意想不到的答案。

書中將故事脈絡完整呈現在讀者面前，以美麗的童話故事與世界名著帶領我們重返童年。

我們從沒想過公主與王子原來也存於某段真實歷史與社會背景之中，他們也要生活，也有欲望，也得選擇。

《睡美人》與《白雪公主》裡那些「路過的王子」，為什麼四處流浪漂泊？光看題目就讓我愛不釋手。一位王子經過叫偶然，但這麼多故事中都有王子經過，又有這麼多王子救了公主，從此過著幸福快樂的生活，我相信這絕不是偶然。作者解釋了當時歐洲的社會背景，帶給讀者具體且具說服力的答案。

透過《乞丐王子》（*The Prince and the Pauper*），我們認識了圈地運動（Enclosure，把公有地以藩籬圈起，標示為私人土地之運動）；透過《小公子》（*Little Lord Fauntleroy*）理解到英國貴族與美國商人間錯綜複雜的敵意；《清秀佳人》（*Anne of Green Gables*，又譯紅髮安妮）的「紅色頭髮」，能讓我們感受到當年日耳曼族驅逐凱爾特人（Celts）後對紅色頭髮抱持的偏見。

這本書總讓我欲罷不能，彷彿孩子一口接一口地吃著餅乾一般，擔心有天會吃完，想留些明天繼續，但手卻像伸進了餅乾桶般不聽使喚，一頁接著一頁，最後不小心一口氣全部看完了。

不過沒關係，我打算再看一次，而且作者說她還有好多想寫的故事，我已經迫不及待下一次的閱讀了！

作者序

從童話中，我看見世界與歷史

我的人生從韓國啟蒙社出版的《世界名著童話全集》開始。至今只要看到那五十本紅色封面的書，按照地區與國家整齊羅列在書架上，我仍會激動不已。

回想當時，比起童話故事的劇情，我更好奇故事的歷史背景：

《法蘭德斯之犬》（*A Dog of Flanders*，日本動畫公司翻拍為《龍龍與忠狗》）的阿忠，到底是哪個國家的狗？《羅密歐與茱麗葉》（*Romeo and Juliet*）的城市為什麼會發生戰爭？

為什麼《奧爾良的姑娘》（*Die Jungfrau von Orleans*）中，聖女貞德一下被稱作聖女，一下又是巫女？

《小公主》（*A Little Princess*）裡的法國大革命史中，那位「卡佩遺孀」究竟是誰？

童話裡有太多未知的事物。

長大後，我透過自行閱讀尋找兒時疑惑的解答，對此，我備感幸福。不過在閱讀的過程中，很快地，我發現了一個問題：我看世界的出發點，與韓國或亞洲一般女性並不相同。為什麼會這樣呢？

我仔細思考，認為問題出在《世界名著童話全集》上。它們大多創作於十九世紀帝國主義時期，引領我認識世界。不知不覺間，我受到這些作品的影響，開始以歐洲人、白人、男性、基督教及帝國主義等的強勢立場審視世界。

雖說歷經時代考驗，流傳至今的名著早已穿越空間與時間，不僅普及化，內容也更動人、更具寓意。不過，我相信對該時代歷史背景的了解，能夠為故事錦上添花，尤其像我這般透過世界童話認識世界之人，更是如此。

其實每個故事都隱含著歷史與文化，能夠進而影響下一代的世界觀、價值觀，而這就是我希望傳達給讀者的訊息。

許多人看到歷史就不寒而慄，聯想到的皆是默背年代、人名、發生順序。在此，我想藉由童話帶領讀者們一同探索故事背景，告訴大家歷史也能變得生動有趣，希望藉此改變大眾對歷史的偏見。

也許你會問：「幾百年前發生的事，對現在的我們有什麼幫助呢？」事實上，歷史非常有用！歷史能讓我們看清現階段的利害關係，擺脫盤根錯節的現況。因此選舉時，候選人的歷史認知往往是矚目焦點，而國與國發生衝突之際，雙方政治人物的發言更是受到舉世矚目。

這本書的完成要感謝很多人。我的人生導師、家人、筆友，還有感謝出版社的同仁們，願意信任菜鳥作家，幫助我順利出版，感激不盡。由於篇幅限制，無法收錄亞洲及韓國的童話故事，但我相信必定還有機會。

我不過是位經常幻想自己出書、喜歡閱讀寫作的普通人，從未想到會有這麼多的朋友為我的第一部作品加油打氣。我愛你們，希望你們能繼續支持我。我還有很多未說完的故事。

目錄

第二部 英雄的重生，是利益，是祕辛，還是愛情？

第三部　從故事中萌芽的革命，與現代呼應的歷史

第四部 詭譎的童話故事，透露出不可忽視的祕密

第一部

狼人、巫婆與壞皇后，反派角色的歷史真相

總是到處亂晃的白馬王子

夏爾・佩羅（Charles Perrault）[1]

——《睡美人》（*La Belle au Bois Dormant*）

格林兄弟（Jacob Ludwig Carl Grimm & Wilhelm Carl Grimm）[2]

——《白雪公主》（*Schneewittchen*）

瑞典民間故事

——《玻璃山上的公主》（*The Princess on the Glass Hill*）

睡美人——亨利・梅內爾・瑞姆（Henry Meynell Rheam）。

每當看著公主、王子在歷經波折後共結連理的童話故事，兒時的我總會想：「原來歐洲不僅有很多國家，還有許多公主與王子。」王子為什麼總是這麼容易愛上公主？一個國家的王子成天跑到其他國家閒晃，難道不要緊嗎？

光是《睡美人》中，就有不少王子為了進入城堡不惜翻過火牆、越過荊棘，但這些「王子們」到底是從哪來的？《白雪公主》中騎著駿馬的王子，又是怎麼恰巧遇上吃了毒蘋果而昏睡在玻璃棺裡的白雪公主，甚至吻了她？

王子們究竟為何不堅守在自己的國度，反而穿梭於森林之中呢？

白馬王子是中世紀的流浪王子？

以前的歐洲與現在不同，是由許多小國組合而成的。舉例來說，三十年戰爭[3]結束之後，一六四八年的德國，便是由三百多個小國家組成的領邦國。

而中世紀歐洲並非只有「王」才能統治國家，貴族和騎士同樣可以成為地方領主，統治自己的領土。封建社會中，根據統治者的階層不同，其領地也各有不同的名稱，國王統治的就稱作「王國」，公爵統治的稱為「公國」，伯爵統治的則稱為「伯國」。因此，統治者的兒女全都是王子和公主。

對於小國來說，繼承者太多也是個問題。如果把領土劃分給每個繼承者，國力就會相對減弱，因此國家裡只有一位王子能夠繼承王位，其他王子則必須想辦法開拓自己的人生。

「手心手背都是肉。」這是亙古不變的道理。身為父母的國王與皇后當然也會擔心其他王子的未來，還會替他們安排聖職工作。為什麼會選擇聖職工作呢？這是由於當年的樞機[4]和大主教可以擁有領土，收入通常維持在一定水準之上，坦白說，就等同於貴族。

正因如此，「卡諾莎之行」[5]中，皇室子弟和教皇才會因聖職人員的任命權而正面交鋒。在不少貴族父母都想幫兒女安排聖職的情況下，使得握有聖職任命權者能夠在經濟上獲得不少好處。此外，因聖職人員不得世襲的規定，待在位之聖職人員離世後，握有任命權者還可將其職缺重新拍賣，以此永續經營。在當時，相當於現在德國、奧地利、捷克地區的高階聖職人員，同時也兼任神聖羅馬帝國的高階官僚，教皇基於政治因素，便亟欲掌控其任命權。

還有一部分厭倦宗教生活的王子們，以其叱吒風雲的武力，被其他大國雇用為傭兵隊隊長，靠著實力占領瀕臨崩潰的國家，成為地方領主。

但其實還有最快、最安全的方法，就是和鄰國即將繼承王位的公主通婚。既然無法成為繼承王國的長男，那就靠著婚姻獲得屬於自己的王國。為了找到優質條件的公主，王子們會前往鄰國的皇宮上演甜蜜求婚記，或展現自己英勇威武的神態。如果無法遇上年輕貌美的公主，也會向富有的貴族寡婦求婚。

除此之外，中世紀騎士修練的方法之一便是體驗「流浪騎士」的生活，這成為王子在外漂泊的另一項原因。身為騎士之子，到達一定年紀後，就會因修練而離開父王的城堡，成為其他騎士手下的侍從。

等到修練至一定的成果，他們會展開冒險旅程。當然，他們不像小說中的騎士需要與巨龍廝殺、與邪惡法師戰鬥，現實中的他們是靠著參加騎馬比賽以獲取獎金，或是參與戰爭以獲得戰利品。總括來說，他們的目的就是——討生活。

離鄉背井在外面尋求婚姻的騎士候選人中，找不到合適對象的人不在少數，花了三十年才找到適合人選的情況也屢見不鮮。中世紀騎士們直到中年才與年輕貌美的少女結婚，絕對事出有因。

童話故事中流浪的王子，其實就是身為次子或三兒子的王子們，在流浪騎士生涯中，尋找著自己的另一半。

善戰，才能贏得美人與國家

相反地，只有獨生公主的王國，情況又是如何呢？讓我們從瑞典民間故事《玻璃山上的公主》來一探究竟吧！

很久以前，有一位國王外出打獵時，抓了一位小矮人回來，把他囚禁在監獄裡。某次國王出征打仗，他囑咐下屬看緊小矮人，不能讓他逃跑。沒想到，王子卻放走了小矮人。回到王國的國王勃然大怒，下令要殺死王子。不過在臣子們的幫助下，王子幸運逃過死劫。逃走後的王子，到了一個只有獨生公主的國家，在當地成為牧牛人。公主長大後，該國國王為找尋合適的準女婿，舉辦了比武大會。王子在小矮人的報答與幫助下，參加了比武大會。

比武大會的任務是騎著馬登上陡峭的琉璃山山頂，拿到公主手上的那顆黃金蘋果。最後，牧牛人王子完成任務，與公主成婚，從此過著幸福快樂的日子。

在工業革命以前，除了農業以外，沒有太多其餘產業，因此確保農耕領土及農耕者，是保全國家最重要的大事。此外，掠奪戰利品則是另一項普遍的經濟活動。在戰爭頻仍的情況下，國王只能帶領騎士們荷槍實彈參與實戰，因此對於只有獨生公主的王國而言，缺少了繼位的王子便代表軍隊將無人領導，國家就會受到鄰國的威脅，所以擁有一位戰力堅強的女婿非常重要。

正因如此，他們通常會舉辦比武大會，找出當中最勇猛的騎士與公主結婚。像故事中這種充滿戲劇性的情況並不常見，現實情況大多是在周全的政治計算下，做出最完美的政治通婚。

不想失業？就想辦法和公主結婚吧！

小矮人抓著王子的手，走向一個地洞。地洞的盡頭有一件銀製的盔甲，盔甲旁有一匹雪白的白馬，佩戴著銀製的馬蹄，呼出一口口的白氣，連背上的馬鞍都早已備上。小矮人開口了：「好了，快點準備出發吧！相信命運。這段時間我會替你看著牛群。」

這個場面非常重要！這些在外東轉西晃的王子們，大多都是「相信命運」、被祖國驅趕而離鄉背井的年輕騎士，手邊幾乎沒有任何遺產，面臨將來可能會失業的他們，生存法則中最佳的方法就是與鄰國的獨生公主結婚，繼承岳家的王國，成為共同統治者。

王子們想要讓公主對他一見鍾情，就必須具備三寸不爛之舌、良好的紳士禮儀，甚至要將騎士精神修練得渾然天成。就算躺在玻璃棺材中的白雪公主不是他們的菜，比他老一百歲的睡美人已經一百年沒刷牙，他們還是要強忍著與其接吻。聽起來很可憐吧？不過，這就是少女們幻想中的「白馬王子」的真實處境。

註1：一六二八～一七〇三年。法國詩人、作家，是法國文壇革新派的代表，從民間故事裡發掘文學創作的泉源，收集、整理了不少童話故事，作品有《穿長靴的貓》、《灰姑娘》等。

註2：格林兄弟是指德國著名童話收集家雅各布．格林（Jacob Ludwig Carl Grimm，一七八五～一八六三年），以及其弟威廉．格林（Wilhelm Carl Grimm，一七八六～一八五九年）。

註3：發生於一六一八至一六四八年，由神聖羅馬帝國的內戰演變成全歐洲參與的大規模國際戰爭。

註4：天主教會神職人員中僅次於教皇（教宗）的職位。

註5：Road to Canossa。一〇七五年，當時的教皇試圖改革神職人員的任命權，卻遭到神聖羅馬帝國皇帝亨利四世（Heinrich IV，或譯海因里希四世）的鎮壓，教皇於是聯合德國其他諸侯罷黜亨利四世，除非亨利四世悔過。為免事態擴大，亨利四世在一〇七七年冒著風雪嚴寒前往義大利北部的卡諾莎城堡，向教皇「懺悔罪過」。因此後世會用「卡諾莎之行」來形容懺悔，有不願或被迫之意。

註6：Don Juan，西班牙傳說中的人物。

註7：Giacomo Girolamo Casanova，一七二五～一七九八年。義大利冒險家、作家、風流才子。

History in Story

找不到白馬王子的公主怎麼辦？

經濟情況不好、公主又較多的國家，很難在公主出嫁前一一為她們準備好禮嫁妝。為了國家安全著想，通常只會把鉅額的嫁妝投資在長女身上，讓她與同盟國的王子或國王進行政治聯姻。至於其他公主，大部分會被送去修女院度過餘生。

公主們是不被允許門不當、戶不對的婚姻，無法與平民自由戀愛、共結連理。送其他公主至修女院的好處，除了國家不必為籌措嫁妝傷透腦筋外，另一方面也能杜絕未來女婿與外孫爭奪繼承權，進而危害國家安危。

在《美人魚》（*Den Lille Havfrue*）一書中，與王子結婚的鄰國公主，原本也是逃不掉在修女院度過餘生的宿命。然而幸運的她，剛好遇見被美人魚救上岸的王子，因而有機會離開修女院。

歐洲有許多關於修女墮落的故事，例如花花公子唐璜[6]、卡薩諾瓦[7]與修女間的醜聞。但嚴格說來，她們並不是墮落的修女，而是被強迫犧牲的女孩。

黑森林裡的
狼人、巫婆與恐懼

夏爾·佩羅（Charles Perrault）

——《小紅帽》（*Le Petit Chaperon Rouge*）

格林兄弟（Jacob Ludwig Carl Grimm & Wilhelm Carl Grimm）

——《小紅帽》（*Ratkäppchen*）、《糖果屋》（*Hänsel und Gretel*）

小紅帽——古斯塔夫·多雷（Gustave Doré）。

《小紅帽》的版本非常多，事實上它並沒有確切的作者，是一則從很早以前留傳下來的民間故事。從文獻記錄來看，《小紅帽》最早的版本是法國作家夏爾・佩羅收錄在《佩羅童話全集》中的版本。其內容如下：

> 很久以前，有一位常常戴著紅色帽子的女孩，被取名為「小紅帽」。有一天小紅帽要去探望生病的奶奶，卻在途中遇見了大野狼，還不小心告訴了大野狼奶奶家的位置。大野狼趕在小紅帽抵達之前找到奶奶家，並把奶奶吃掉，再偽裝成生病的奶奶躺在床上，最後把小紅帽也吃掉了。

為什麼黑暗的民間故事愈變愈善良？

夏爾・佩羅版的結局比我們後來聽見的版本更加悲慘，讓我們能夠從中推測《小紅帽》最原始的樣貌。在夏爾・佩羅之後，德國的格林兄弟修改了《小紅帽》的結局，並將其重新收錄。

> 很久以前有一位頭戴紅巾、身披紅斗篷的女孩，獨自前往住在森林裡的奶奶家探

病。她在路途中遇上了大野狼，大野狼搶先了小紅帽，到奶奶家中把奶奶吃掉，再偽裝成奶奶等著小紅帽的到來。小紅帽到了之後，大野狼假裝寒暄幾句，就把小紅帽也吞掉了。後來獵人出現，抓到了大野狼，切開牠的肚子，救出了小紅帽與奶奶。

事實上，在一八一二年發行的初版中，出場的並不是大野狼，而是狼人強暴了小紅帽。與爾後其他眾多版本相較，《格林童話全集》初期版本是最接近口傳故事的版本。然而在讀者強烈批評此為不良教育的聲浪下，再版與增訂版中的內容不斷持續修改。再版的版本中，把狼人改成大野狼，並刪除性侵害的橋段。

受到《狼和七隻小山羊》（*Der Wolf und die sieben jungen Geißlein*）的影響，另有將大野狼的肚子填滿石頭丟到河裡的版本。

接下來，我們看看《糖果屋》吧！

漢賽爾和葛麗特與貧窮的獵人父親和繼母住在一起。有一天，家裡沒有東西吃了，繼母要父親把孩子丟到森林裡。孩子們在被遺棄的路上，用許多白色小石子做了記號，找到了回家的路。

但繼母再次計畫要將他們棄養，這次小兄妹改用麵包屑代替小石子做記號，可是麵包屑卻被鳥兒吃掉，完全找不到回家的路。迷路的小兄妹在森林中發現了一間用麵包、糖果、餅乾蓋成的房子，但房子的主人是一個會吃小孩的巫婆。他們倆用智慧趕走了巫婆，最後帶著珠寶離開。回到家中，他們發現繼母早已離世，他們則跟父親過著幸福快樂的日子。

這篇故事的原版與後來的版本並不同，在原版中丟掉孩子的並不是繼母，而是親生母親。中世紀歐洲遇上荒年，在糧食不足的情形下，人們對於把嬰兒殺死或將幼兒丟棄的現象見怪不怪，因此原版裡拋棄孩子的人理所當然是生母。然而到了現代，卻轉變成壞繼母唆使善良的父親拋棄孩子，為的是避開道德上的責難。

比較各種版本的民間故事改編童話，可以發現愈後期的版本，內容中關於暴力、性、不倫的部分會大量地被修改，愈來愈趨向於「童話故事」。如果想透過童話來了解歷史，就必須跳脫我們熟知的故事框架，回到美化以前的粗糙、原生的版本。

雖然民間故事並不代表歷史，但透過未被加工過的故事，可以了解其中隱含的當代社會背景與文化。如同《小紅帽》與《糖果屋》的原版故事中，也反映出中世紀歐洲當時的風貌。

為什麼村外就是綠意盎然、容易讓人走失的森林？為什麼狼或狼人總是在森林裡四處遊走？為什麼森林裡住著巫婆？在充滿巫婆與狼人的森林中，小紅帽的奶奶明明身體虛弱，又為何獨自留守於此？讓我們一起進到陰森森的中世紀森林裡一探究竟吧！

中世紀人們的恐懼——黑森林

黑森林（Schwarzwald，德國最大的森林山脈）是指位於德國南部的巴登-符登堡州（Baden-Württemberg）的森林及山區，由於草木過於茂盛，就算白天，陽光也照不進來，因此才被稱為黑森林。

以黑森林為背景的民間故事，大部分口頭流傳於黑森林橫跨的地區——德國、法國、瑞士。因此，法國夏爾・佩羅和德國格林兄弟才會都收錄了內容相同的小紅帽故事。

而《糖果屋》中的黑森林則是位於佛萊堡（Freiburg im Breisgau）。這片森林曾讓公元前五十六年遠征高盧的凱撒（Gaius Julius Caesar）放棄繼續前進。

羅馬人當時認為，位於萊茵河畔山腳邊的黑森林，是非常危險、未知的領域，隨時有可能受到凶狠野蠻的日耳曼族人攻擊。羅馬帝國將萊茵河與多瑙河作為北邊防禦線，但河流上游源於黑森林之中，總是蒙著黑暗的面紗。雖然羅馬人喜歡運用自然地形作為屏蔽，但同時對這個看不清、無法防衛的領域感到不安。

羅馬皇帝圖密善（Titus Flavius Domitianus）為了防止受到居住於阿爾卑斯山北邊的日耳曼族人攻擊，才會在現今的美茵茲和雷根斯堡間興建了日耳曼長城。長城每五百公尺就有一個高約為四公尺的要塞，要塞後方建有軍人駐紮的基地，並從史特拉斯堡開始建立起殖民城市。但隨著帝國衰落，約於三世紀末，城牆與基地開始坍塌，變成了廢區。

人們對黑森林的警戒，並沒有因此而改變，附近居民仍對它心存畏懼。雖然害怕黑森林的羅馬人已經離開，但對野蠻的日耳曼族人和當地居民來說，黑森林仍是不可隨意侵犯的地方。不過這些居民們，到底在害怕什麼？

中世紀人與現代人的思考方式完全不同，當時的人們認為宇宙分為兩個部分，一個是「小宇宙」（Micro-cosmos），另一個是「大宇宙」（Macro-cosmos）。自己的家、被護城河包圍的村莊與城市，是安全的小宇宙；除此之外的地方都是大宇宙。

他們相信天災地變、疾病、歉收、饑荒，以及神靈、超自然的存在，皆來自於大宇宙。大宇宙住著他們信仰的神靈，同時也存在著令人畏懼的怪物與惡靈。特別是村外的森林，不僅是屬於大宇宙的領域，還住著很多非人類的恐怖存在，像是狼人、巫婆、精靈、怪物等。中世紀人們相信所有令人恐懼的事物都來自於大宇宙，所以每當小宇宙內出現可怕的事物，人們會企圖將其驅逐回大宇宙，也就是森林。

被流放的狼人與巫婆

狼人和巫婆會住在森林裡面，並不是因為他們一出生就是狼人和巫婆。他們都是因為某些特定因素，才會被村民驅逐出境，加上又住在大宇宙中，更為他們增添一分可怕。其實他們只是從小宇宙被流放，無可奈何被趕到大宇宙中生活，成為當時人們口中的狼人和巫婆。

至於他們為什麼會被流放呢？中世紀時期，犯下重罪的人會被處以「和平判決」。不論是誰殺了被判決該罪的罪犯，都不會被處以任何刑罰，因此遭到「和平判決」的人隨時都可能慘遭殺害。在村莊裡無法繼續生存的他們，只能離開村莊，逃至森林。

當時這種「和平判決」被稱作「Wargus」，也就是「狼」的意思。現實中，有些罪犯會被戴上狼頭後流放，而身體毛髮比較旺盛的人，就會被誤以為是狼人，現在看來還真是荒唐至極吧！

深入了解巫婆後，會發現她們其實只是無辜的獨居女子，大多對於草藥和急救偏方等民間醫學非常了解，這些充滿智慧的女子卻經常被稱為巫婆。人們雖經常藉助她們的醫療知識，但若病患沒有痊癒，甚至死亡時，人們就會加以斥責。有些人甚至是因為不想付醫藥費或治療費，便四處散播她們是巫婆的謠言。

巫婆會抓走孩子、吃掉孩子，或是可以提煉出具有神祕力量的藥物……從這類指控可以看出，中世紀人們對生活在大宇宙、無法被掌控的知識擁有者，該有何等畏懼。當時的人們認為她們會危害和平，既恐怖又神祕，深信她們會抓走天主教孩子，把他們吃掉。這種理論也可以套用在猶太人和吉普賽人身上。最後被當成巫婆的她們，只能像狼人一樣被趕進森林，獨自居住，靠採集草藥維持生計。

中世紀時期，人們無法以科學解釋天災人禍、傳染病、歉收，或家畜集體死亡的原因，他們普遍認為這些事源自於大宇宙，禍殃至村莊及家中。然而他們不願相信這是大宇宙中的神靈所為，也沒有人敢對神祕的神靈表達自己的憤怒與不平。

這時住在大宇宙的巫婆、狼人或其他存在，就成了代罪的羔羊，畢竟被趕出村莊的他們，心中多少都還是有些憤恨不平。但是這樣的代罪羔羊與全民公敵，若只是一個戴著狼頭被驅逐的罪犯，或是煮著藥草、長相凶狠的老婆婆，那豈不是太沒意思了嗎？所以，中世紀人們才自動幫他們升級，成為看見月圓會變成狼人的人類，以及與惡魔簽約要抓走孩子的巫婆。

也許小紅帽在森林裡遇見的，只是孤單寂寞想找人聊天的狼人，但是害怕女兒遭到侵犯的父母們，才編造了謊言警戒自己的孩子。又或許漢賽爾和葛麗特在森林迷路時，遇見的老奶奶並不是巫婆，而是供他們食宿、讓他們吃飽喝足的恩人。

現在，各位讀者對中世紀歐洲的黑森林有什麼想法呢？月圓登場的狼人和紅色眼珠的巫婆，依然戴著恐怖面紗嗎？

又或者你正替被流放在外、只能遠眺村莊燈火冀求一夜好眠的他們，感到空虛和寂寞呢？

History in Story

教堂牆上的怪物雕像

一到歷史悠久的教堂，我們總會看到柱子或牆壁上刻著許多怪物。究竟為什麼神聖的殿堂中要刻上這些怪物呢？

約莫到了十世紀左右，天主教才完成了歐洲地區的傳教工作。教會當時極力想要扭轉人們大小宇宙的錯誤世界觀，並深植他們單一救世主的概念。但對於每天與自然搏鬥的農民來說，未知的世界仍存在著既強大又恐怖的力量，使得他們無法擺脫兩個宇宙的世界觀。

教會深知普羅大眾的心理，就在教堂外刻上怪物的雕像，目的是告訴人們：這些怪物在天主教教義中是可以被吸收的存在。而法國音樂劇《鐘樓怪人》（*Notre-Dame de Paris*）的舞臺中，以怪物雕像移動的場面來代表教堂外部，也是源於此概念。

吹笛子的男人
與消失的兒童去哪了？

格林兄弟（Jacob Ludwig Carl Grimm & Wilhelm Carl Grimm）

——《德國傳說》（*Deutsche Sagen*）

之《花衣魔笛手》（*Rättenfänger von Hameln*）

花衣魔笛手——凱特·格林威（Kate Greenaway）。

我是吹著笛子的男人,
跟隨著風四處漂泊,
帶著一把威風的笛子。
就算外頭狂風暴雨,
就算外頭風雪交加,
我還是會吹著銀笛,
繼續微笑下去。

遙遙遠途哭泣的少年啊,
聽聽我的笛聲吧,
嗶哩哩,嗶哩哩。

小時候,只要聽到韓國歌手宋昌植〈吹笛子的男人〉這首歌,總會背脊發涼。因為這首歌會讓我不自覺聯想到《花衣魔笛手》這本童話故事,深怕自己會像故事裡跟著魔笛手的老鼠一樣,投身河中。

但是現在回想起來,這首歌會在一九七〇年代韓國大受歡迎的原因,大概是因為他在獨裁的軍事政權中唱出了自由之歌吧！先不管時代的憂傷，對於一位每天睡醒就是看書的孩子來說，這首歌真的讓人毛骨悚然。

真實世界裡，魔笛手與消失的一百三十名兒童

> 德國的哈梅恩市（Hameln）正飽受鼠患困擾。某天，突然有位身著花衣的陌生男子出現，聲稱可以幫忙消滅老鼠，於是市政府就和他簽訂了合約。爾後，他吹著笛子把鼠群們吸引到河邊，讓牠們全部溺死。
>
> 但是市政府並沒有履行合約支付酬勞，生氣的他換上了奇異的紅帽，穿著獵人般的衣服，再次吹響了笛子。聽到笛聲的孩子們隨之起舞，跟著魔笛手離去。就這樣，魔笛手帶著一百三十名孩子離開了城市，從此消失得無影無蹤。

以上是故事的大致內容。隨著版本不同，有些結局跟上述一樣，有些則加入了把孩子引到山洞裡的情節。

這個故事發生於西元一二八四年六月二十八日，是一則確切被記載於文獻中的真實故事。因此，直到現在哈梅恩市仍四處可見與這則故事相關的痕跡，甚至為了紀念

當時跟著魔笛手離開的孩子們，他們經過的小路至今仍禁止唱歌和跳舞，就算是結婚樂隊經過該路，也不可以演奏任何歌曲。

但是這則歷史或傳說只提到「有一百三十名兒童失蹤」，並沒有提到他們「去了哪裡」。魔笛手和這群孩子到底去了哪裡？在各種假設之中，我對「兒童十字軍」最感興趣。

十一世紀，拜占庭帝國（Byzantine Empire）因擔心遭到塞爾柱帝國（Seljuk Empire）的攻擊，向羅馬教皇請求支援。當時的教皇烏爾巴諾二世（Beatus Urbanus PP. II）認為可以利用該契機來強化教皇的權力，決定派遣軍隊重新找回聖地耶路撒冷。

當時從歐洲各國招募來的軍隊，都在肩膀與胸膛上貼了十字符號的標誌，因此被稱為十字軍。十字軍攻占聖地耶路撒冷後，曾在現今的敘利亞、黎巴嫩、以色列等地區短暫建立了耶路撒冷王國。但大致上十字軍東征皆以失敗收場，他們在抵達目的地前，不僅販賣奴役，時常搶掠，甚至占領同為基督教的東正教首都君士坦丁堡。

十字軍東征表面上是為了捍衛宗教而行，但其實是歐洲人為了擴張領土、爭奪權力的歷史事件。其中，關於兒童十字軍的記述讓我最感難過。一二一二年五月，一位法國的牧童聽見神的指示，決心征服耶路撒冷，一群少男少女便組成十字軍。一路上他們吟唱聖歌，企圖跨越地中海，卻在非洲突尼西亞的沿海被當作奴隸販賣。

還有一說是當他們橫渡海洋時，遇到暴風雨，全員罹難。根據最誇張的說法，少年十字軍多達三萬多人。中世紀經常發生像這樣的少年十字軍動亂，一二一二年在德國，一名年僅十歲、名為尼古拉斯（Nicholas）的少年，也曾引領少年十字軍，翻越阿爾卑斯山前往熱那亞，最後無功而返。

史實的記載不禁讓我們聯想起，也許《花衣魔笛手》中的魔笛手就是少年十字軍的煽動者，而消失的孩童則是那些在地中海被販為奴或罹難的少年十字軍們。

吹笛人變奏曲中，十六世紀的戰爭與背叛

除此之外，有專家認為，這些孩子們可能是被慶典上歡欣鼓舞的氣氛所感染，或是染上了舞蹈病[1]，在跳舞的過程中發生意外而死亡；也有人說，他們也許是為了開拓德國東部殖民地而離開的年輕人。

眾說紛紜之中，並無確定的版本，唯一可以確定的是：哈梅恩市在一二八四年六月二十八日發生過成人及兒童大量失蹤或死亡的事件。在事件過後，每當哈梅恩市遇到重大的政治或社會事件，就會將《花衣魔笛手》的故事重新加油添醋，直到被格林兄弟所採錄。

因此，愈接近故事初期的版本，故事結構就愈簡潔。在早期的版本中，只有出現吹笛子的男人，但到了約莫十六世紀，就被灌上了「鼠疫」的情節，而由此可知人們對於鼠疫造成的黑死病有多麼懼怕。這個由「鼠疫桿菌」（Yersinia pestis）造成的傳染病，其傳播媒介就是寄生於老鼠身上的跳蚤，史上最恐怖的鼠疫大流行發生於十四世紀時的歐洲，短短四年內就奪走全歐三分之一的人命。

兒童及青年大量失蹤的傳說，流行於當時歐洲各地，但為何獨獨哈梅恩對這個傳說如此執著？有什麼特殊的歷史背景嗎？十六世紀的哈梅恩，除了天然災變以外，與德國其他地區一樣，飽受宗教戰爭的災禍。當時痛苦的下層民眾，深感自己被無能又自私的統治階層背叛，才將《花衣魔笛手》的故事改為捉鼠人被市政府背叛的情節，以達到代理滿足的快感。

但是統治階層當然不會對此無動於衷。長久以來，哈梅恩以水車聞名，在其市旗上還能看見水車磨坊中石磨的身影。當時以製粉業為經濟基礎的城市，會將收成的穀物加工成麵粉保存，過程中若出現老鼠猖獗的傳聞，將會造成致命的經濟衝擊。因此，哈梅恩當局對這則故事非常敏感，企圖把故事主旨轉為強調「遵守約定」，並把故事的負面形象轉嫁到身為底層人民的流浪樂手上。

逃避現實的笛聲，讓孩子們走上街頭

我重新整理故事架構如下：身為製粉業城市的哈梅恩，老鼠猖獗的情況非常嚴重，吹笛子的男人是一個遭受差別待遇的流浪樂手，也是故事中的壞人。沒有人知道隨之起舞的孩子們下落究竟為何，唯一確定不變的是，《花衣魔笛手》中記載的歷史悲劇，隨著時間流逝不斷改變，反映出當時所遭遇的困難和城市內部的紛爭。

當時的市民大部分是文盲，他們無法以文字記錄，就選擇以這種方式來記錄自己的苦難。

《花衣魔笛手》的傳說至今仍持續被消費及修改。這些熱情如火、盲目追隨的少年十字軍，不禁讓我聯想到第二次世界大戰中德國納粹的青少年組織——「希特勒青年團」（Hitler-Jugend），以及中國文化大革命的「紅衛兵」。他們同樣是一群不成熟的孩子，受到煽動而一股腦兒地聚集、破壞。

不過是區區的笛聲都足以讓他們隨之起舞、盲目跟從，讓我們感受到中世紀孩子們艱辛困苦的狀況。他們在飢餓及虐待下成長，到了十八歲就必須經濟獨立，對他們來說，「日常」是一種痛苦。在老彼得·布勒哲爾[2]的畫中，那些正在遊戲的孩子，表情是那麼陰沉、沒有童真，他們的日常是多麼艱辛、無趣，以至於他們對流浪樂手

兒童遊戲——老彼得·布勒哲爾。

的笛聲深深著迷，甚至拋棄家庭和父母遠去。

這麼看來，一九七〇年代韓國歌手宋昌植唱出維新時期的「狂風暴雨」和「風雪交加」，與魔笛手的笛聲不謀而合。當時人們「隨風而逝」的心情，與跟隨魔笛手離開的孩子們恰似相同。那時的示威遊行，就好似這群列隊離開的孩子，都是為了追尋更美好的生活。

註1：Huntington's disease，亨丁頓舞蹈症，發病時無法控制四肢，如手舞足蹈一般，會伴隨智能衰弱，最後出現呼吸、吞嚥困難而死亡。

註2：Pieter Bruegel，一五二五～一五六九年。文藝復興時期荷蘭畫家。

History in Story

捕鼠人的時尚祕訣

為什麼故事中出面解決鼠患的魔笛手要身穿花衣或條紋衣呢？

在中世紀歐洲，條紋是「差異」的象徵。醒目的條紋，與其他花紋不同，從遠方就能一眼望見。不僅逃脫時容易被發現，在當時更具有破壞社會秩序的負面形象。有人認為這是源自於《舊約聖經》〈利未記〉中的記載：「不得穿著兩種線交織而成的衣服。」因此，條紋衣是遭到差別待遇的猶太人、罪犯、小丑、流浪藝人、病患、死刑犯、賣淫婦女的衣著。

想想不久前美國的囚服仍是條紋衣，應該就不難理解其中緣由。此外，條紋衣強烈的視覺對比容易引人注目，所以直至今日馬戲團的雜技師或小丑仍以條紋衣著為主。《長襪皮皮》（*Pippi Longstocking*，瑞典知名童話故事）中，這位過於好動、無法被一般人所接受的自由少女皮皮，總是穿著一雙條紋長襪，也許也是由此而來的吧！

清秀佳人的
紅髮、巫女與種族歧視

露西·莫德·蒙哥馬利（Lucy Maud Montgomery）[1]

——《清秀佳人》（*Anne of Green Gables*，又譯為紅髮安妮）

清秀佳人——古斯塔夫·多雷（Gustave Doré，十九世紀法國著名版畫家和插圖作家）。

《清秀佳人》原著敘述了安妮的一生，其份量可謂是「超長篇小說」的等級。不過對許多讀者來說，最熟悉的當是安妮系列第一篇——翻譯為《清秀佳人》（*Anne of Green Gables*，綠色屋頂之家的安妮）。現在就讓我們透過盤根錯節的《清秀佳人》，來看看其中的歷史淵源吧！

六十歲的馬修和五十歲的瑪麗拉兄妹住在加拿大艾凡里的一棟綠色屋頂小屋（Green Gables）。因農務繁忙，他們決定領養一個兒子幫忙。但過程中因為失誤，被送來家裡的不是兒子，是身為女孩的安妮。兄妹倆在照顧安妮的過程中改變心意，決定將她留下。

想像力豐富又聰明的安妮，在美麗的艾凡里村裡引起不少風波，但仍與黛安娜和其他朋友過著幸福快樂的日子，唯獨跟吉伯特水火不容，因為某次他拉著安妮的頭髮，戲稱她是「紅蘿蔔」。雖然事後吉伯特向她致歉，但安妮並不接受，為了不輸給他，拚命念書，最後以首席的身分進入培養教職的女王學院。

為了準備大學入學，她暫時回到家中，此時破產的馬修卻因心臟麻痺離開人世。安妮為了照顧雙眼失明的瑪麗拉，放棄了大學進修的機會，選擇留在綠色屋頂之家。聽到此消息的吉伯特，把艾凡里學校的工作讓給安妮，兩人終於和好如初。

偏見與獵巫，來自於頭髮

安妮為何無法原諒戲弄自己的吉伯特？不管他怎麼道歉，都不願接受。故事中她曾經用成分不明的染髮劑，想把頭髮染成綠色，又曾吵著要把頭髮剃掉，引起不少騷動。安妮為什麼會如此厭惡自己的紅色頭髮呢？

這對我們來說有點難以理解，但西方人對於紅頭髮的偏見還真不小。他們認為紅頭髮的孩子，基本上是野蠻又不聽話的孩子。就像《胡蘿蔔鬚》（*Poil de Carotte*）裡的紅髮主角，受盡媽媽虐待；歐洲的精子銀行裡，甚至拒絕紅髮男性的精子。他們對於紅頭髮的偏見，遠遠超乎我們的想像。

不過，他們並非一開始就對紅頭髮帶有負面印象。問題就出在紅色是生命之色，也就是血的顏色。中世紀的天主教徒相信，生命體中火紅的血會刺激性慾。因此在禁止肉食的大齋期（Lent）中，不得進食豬肉、牛肉等「紅肉」，卻可以吃海鮮，原因正是由此而起。當然，還有一點是因為魚類不是靠著「直接接觸」交配，所以他們認為海鮮並不會誘發性慾。

中世紀人們認為，有著紅頭髮和紅鬍鬚的人在性方面需求過盛。紅髮的英國國王亨利八世，[2] 與六位妻子結婚，其中兩名被處死，他的個性古怪，精力過人。而另一位紅髮代表——阿基坦的埃莉諾[3]，三十歲時與法王路易七世[4]離婚，旋即又與當時才十九歲的英王亨利二世[5]再婚，並生下了八名子女。

《哈利波特》中，跩哥．馬份（Draco Malfoy）一群人嘲笑著兄弟姊妹甚多的榮恩（Ron Weasley）是紅髮家族，帶有輕蔑對方父母庸俗的含意，而榮恩的個性也的確較易興奮。

在近代與中世紀的圖畫中，娼妓通常被描繪成紅髮，而對正值青春期的敏感少女安妮來說，紅髮更是一輩子的恥辱，因此安妮才在自己的本名「Ann」後面加上「e」字，好讓自己的名字聽起來像女王[6]。

紅色頭髮的人，甚至被稱作「惡魔」，這種偏見源自於維京人侵略歐洲。身為日耳曼族的維京人，一直生活在斯堪地那維亞半島，然而隨著人口增加、經濟作地不足，他們從西元八〇〇年至一一〇〇年間不斷航海侵略歐洲沿海地區。為了與維京人對抗，守護領土，歐洲出現了封建制度。

英國東北部和法國西部海岸的居民，對這群從遠方破浪而來的紅髮、紅鬍維京人更是害怕。歐洲西北部的居民稱他們為「紅色幫派」，甚至留下了紅鬍子、惡魔臉的畫像，而其中最著名的就是曾經航至格陵蘭的「紅髮艾瑞克」[7]。

達到最顛峰的十六至十七世紀，紅頭髮甚至帶有惡魔的形象，使得許多紅髮女性被判定為女巫。再加上收錄民間故事的童話書裡，將巫婆描繪成尖鼻子、紅頭髮，更助長了一般民眾對紅頭髮的歧視。

髮色中藏著種族歧視與迫害

對於紅髮的歧視，是不是通用於所有的西方文化圈呢？

我們先回想一下童話故事裡出現過的紅髮主角們：像是《胡蘿蔔鬚》、《清秀佳人》、《長襪皮皮》，還有《哈利波特》中的榮恩和金妮。接下來，再讓我們回想一下歷史中出現的紅髮代表人物：身為維京人的紅髮艾瑞克、阿基坦的埃莉諾、瑪麗一世[8]、亨利八世、伊麗莎白一世[9]。他們的國籍和民族為英國、美國、加拿大、瑞典、挪威……全都是從古日耳曼族劃分出來的。

歐洲主要有三大民族，日耳曼族分布於歐洲西北部地區；南歐是拉丁族；東歐則是俄羅斯的斯拉夫族。日耳曼族人身高較高、白皮膚、金髮碧眼，對他們來說，紅頭髮是非常少見的遺傳因子。

然而對古歐洲原住民凱爾特族來說，紅頭髮就比較常見了。以英國為例，英格蘭主要居住者是盎格魯-撒克遜人（Anglo-Saxons）和諾曼人（Normans），他們同樣屬於古日耳曼族；而北部的蘇格蘭、北愛爾蘭島及威爾斯則為古凱爾特族居住。根據英國《太陽報》（*The Sun*）報導，蘇格蘭島約有百分之十三的人口為紅髮，是紅髮人口最多的地方；接著才是愛爾蘭島和威爾斯，約有百分之十，比例遠遠高出其他西方國家。

西北歐的日耳曼族後裔和盎格魯美洲（Anglo-America，又稱英語美洲）後嗣，都認為大多數人擁有的「金髮」才是美麗的、正常的，而趕走他們的凱爾特族常見的「紅髮」既醜陋又異常。這當中其實帶有多數人迫害少數人的意味。

在西北歐，多數人都是金髮碧眼，他們認為紅頭髮的就是魔女；然而在黑髮褐眼居多的南歐，反而認為擁有碧眼的人才是魔女，這同樣是一種多數迫害少數的例子。

一九六〇年，女性解放的方法

看到這裡，應該多少能理解《清秀佳人》作者為何將主角設定為紅髮了吧？作者把安妮的外在條件設定為少數族群，不僅是貧窮的孤兒、是女生，還有一頭紅髮。在排外的西方文化圈裡，帶著與生俱來的劣勢，安妮靠著特有的想像力和智慧，與身邊的人們共同成長，其堅強的自我擊倒了西方國家根深蒂固的偏見。她不同於既往童話裡金髮碧眼的美麗公主，她是新兒童文學的主角，到現在仍影響了許多少女的成長。

不過，比起安妮，還有一位更具個性的紅髮女孩代表——皮皮。她和安妮一樣有著紅頭髮，臉上有雀斑，雖不是孤兒，但獨自生活。一九四五年出版的《長襪皮皮》，描述出第二次世界大戰後女性形象的變化。

當時女性與男性的差別幾乎消失，男人們上前線打仗之際，女性也必須從事後勤工作。然而戰爭結束後，她們被命令重拾家庭主婦一職，但她們拒絕，並為了女權運動站出來。不僅是精神層面，連生理層面都不輸給男人的現代女性精神，從皮皮身上就可以看見。紅頭髮、紅辮子替皮皮堅強的形象加分不少。現在，紅髮不再是魔女的象徵，而是獨立自主的女性。

到了一九六〇年代，紅頭髮成為女性解放運動的表現方法之一。當時的女權運動者拒絕服從父權社會支配，不願配合舊有的金色鬈髮形象，而她們其中一個集體抗議的方法，就是將頭髮染成紅色。在蘇・湯森（Sue Townsend）的《少年阿莫的祕密日記》（*The Secret Diary of Adrian Mole Aged 13 3/4*）中，阿莫的媽媽便因參加女權運動而染了紅髮。

然而到了六〇～七〇年代，美國與蘇聯進入冷戰時期，紅色是共產主義的象徵，因此當時保守派將女性染紅髮的意圖擴張為企圖推翻政權，導致紅髮淪為極度負面的形象。

當然，現今染紅髮已不再具有政治意涵，只是單純的個人美學行為。不過我們仍要感謝當年的她們，為了找到女性自我、張揚女性聲音，拒絕社會固有「美」的形象，而將頭髮染成「醜陋」的顏色。

對於紅頭髮的歧視與偏見，正是支配世界的強者對弱者的加害，也是多數人對少數人的迫害。不過，文化歷史上的紅髮女性不但能戰勝苦難，同時還展現了自我及魅力。不管遇到再多艱難都堅韌不拔，擁抱著追求自由的熱情，使她們成為我們心中歷久彌新的主角，而紅髮也不再是不祥的象徵。

安妮並沒有花太長的時間才體會到自己紅髮的美豔動人。看著下述安妮曾說過的話語，我想未來不管有任何困境，她都能克服。而看著安妮的我們，也會如此。

現在我走到了轉角。我不知道轉角前方等著我的是什麼，但我相信那一定是最美好的。

轉角有一種獨特的魅力，我好奇在那之後會出現什麼。是綠色的光芒，還是彩色的光芒，或是一片黑暗？究竟是什麼風景，我會遇上什麼陌生的美麗，前方是彎道、山丘，還是溪谷？

註1：一八七四～一九四二年。加拿大作家，以紅髮安妮為主角的一系列作品為其代表作。

註2：Henry VIII，一四九一～一五四七年。亨利八世為了另立新后，不惜與羅馬教皇反目，推行宗教改革，讓自己成為英格蘭最高的宗教領袖。除了宗教改革外，亨利八世還合併了英格蘭和威爾斯，讓皇權達到顛峰。

註3：Eleanor of Aquitaine，一一二二～一二〇四年。埃利諾是阿基坦公爵之女，與法王路易七世結婚時，阿基坦併入法國王室領地，後來這樁婚姻被宣布無效，埃利諾轉嫁未來的英王亨利二世，待亨利登基，阿基坦順勢成為英國領地，導致英、法王室爭鬥不休。

註4：Louis VII le jeune，一一二〇～一一八〇年。曾領導第二次十字軍東征，但沒有成果。

註5：Henry II Curmantle，一一三三～一一八九年。亨利二世創建了英格蘭中世紀最強盛的封建王朝——金雀花王朝（House of Plantagene），但與埃利諾夫妻失和之後，引發晚年一連串父子反目的戰爭。

註6：這裡是指安妮女王（Queen Anne，一六六五～一七一四年），即位時是英格蘭、蘇格蘭、愛爾蘭女王，一七〇七年時英格蘭和蘇格蘭合併為大不列顛王國，安妮女王便以大不列顛及愛爾蘭女王名義統治至辭世。

註7：Erik the Red，九五〇～一〇〇三年，又稱紅鬍子艾瑞克、紅衣艾瑞克或紅魔艾瑞克，是著名的維京探險家，開發了格陵蘭。

註8：Mary I，一五一六～一五五八年，英格蘭和愛爾蘭女王，都鐸王朝（House of Tudor）第四任君主，為整肅宗教異端人士燒死了三百人，有「血腥瑪麗」之稱。

註9：Elizabeth I，一五三三～一六〇三年，是異母姊姊瑪麗一世的繼任者，有榮光女王、賢明女王、童貞女王（終身未婚）之稱。

註10：Richard I，一一五七～一一九九年，曾領導第三次十字軍東征，是少數有取得戰果的十字軍戰事。

History in Story

巴巴羅薩——紅鬍子

十二世紀神聖羅馬帝國的皇帝腓特烈一世（Friedrich I Barbarossa），因其紅色的鬍鬚被稱為「巴巴羅薩」（義大利語Barbarossa，紅鬍子之意）。身為德國人卻擁有義大利綽號，是因為他前後強行對義大利進行過五次遠征。

在德國，「紅鬍子皇帝」是充滿愛戴的尊稱，不過對慘遭侵略的義大利來說，並非是讚頌他的別稱。

腓特烈一世在參加第三次十字軍東征的途中溺死，卻與被稱為「獅心王」的理查一世[10]共同成為中世紀騎士的形象代表。傳說中，他與忠誠的愛將們並無死去，而是沉睡在阿爾卑斯山脈的溫特斯山上，等到他的鬍子留到可以覆蓋三張桌子時，皇帝將會甦醒，並重建德意志帝國。

對此傳說癡心妄想的希特勒（Adolf Hitler），在一九四一年六月東部戰線侵略蘇聯時，就以「巴巴羅薩」作為作戰名稱。

魔鏡啊魔鏡，世界上最美的女人是誰？

格林兄弟（Jacob Ludwig Carl Grimm & Wilhelm Carl Grimm）

——《白雪公主》（*Schneewittchen*）

夏爾・佩羅（Charles Perrault）

——《睡美人》（*La Belle au Bois Dormant*）

安徒生（Hans Christian Andersen）[1]

——《野天鵝》（*Les Cygnes Sauvages*）

白雪公主—— 作者不詳。
收錄於一八五二年冰島翻譯版童話中的插畫。
圖中變身為老太婆的巫婆，正在遞蘋果給白雪公主。

二〇一三年，為了紀念《格林童話》出版兩百年，不少電影將《格林童話》裡的故事重新詮釋上映，每次我都盛裝打扮前去欣賞，但心中卻有說不出的怪異。我看童話的角度，好像跟以前不同了。比起年輕貌美的公主，現在我更喜歡觀察威脅、虐待公主的繼母和巫婆。

雖然不願承認，或許是上了年紀後心智與皇后更接近了？也或許是隨著年紀增長，看童話的視野變得比以前更廣了？總之，對現在的我來說，看到那些壞事做盡的女配角們，反而有種親切感。接下來，就讓我為年歲高、心眼壞的她們來一場申辯大會吧！

中世紀歐洲神祕又有魔力的鏡子

首先，先為《白雪公主》裡出現的壞繼母——巫婆皇后來一場辯解吧！

新上任的皇后，雖然美若天仙，但是自尊心極強，既驕傲又容易妒嫉。她擁有一面神奇的鏡子，且經常站在鏡子前問著：「魔鏡啊魔鏡，世界上最美的女人是誰？」

魔鏡總是回答：「敬愛的皇后，這世界上最美的女人就是您。」皇后總是要聽到這個答覆，才會感到心安。

「照太多鏡子的女人不會紡織。」從這句歐洲俗諺中，便可得知他們認為愛照鏡子打扮的女性是懶女人。支配中世紀精神層面的天主教祭司，則認為只有《聖經》可以反射自我，將沉溺美好幻想或對外表過度關心的女性視為有罪，例如誘惑亞當的夏娃，就是警戒「女性美」的範例。約莫在一五〇〇年左右，由耶羅尼米斯·波希[2]所創作的三聯祭壇畫〈人間樂園〉（*The Garden of Earthly Delights*）中，為諷刺奢侈與傲慢，他描繪了一位站在惡魔屁股上照鏡子的女人。

除此之外，近代以前的歐洲人認為鏡子具有魔力，是非常神祕的物品。事實上是因為它稀有、昂貴，才使得它更加撲朔迷離。歷史記載中，最早的鏡子被發現於土耳其，是一面以黑曜石製成的圓盤。最早以金屬製成的鏡子，則是西元前六千年埃及的青銅鏡，不論在東方或西方社會，青銅鏡都象徵著支配階層，特別是祭司階層。此後古羅馬人雖發明了玻璃鏡，但表面成像仍然模糊，直到威尼斯人發現在鏡子背面塗上錫箔和水銀混合的「錫汞齊」以前，鏡子仍然是因人而異、成像不一。因此中世紀人認為，巫婆們可以在鏡子或水晶球的模糊影像中看見一般人看不見的東西，並且施行法術。在獵巫盛行的時代，有許多無辜女性只是持有玻璃碎片，就被視為女巫。

白雪公主的繼母愛照鏡子，常與鏡子對話，又極度重視自己的美貌，在在都讓人懷疑她就是巫婆。只不過因為皇后在外貌上投資了較多時間，跟鏡子說了幾句話，就在她身上烙下巫婆的印記，未免也太殘酷吧！其實，皇后也是有不得已的苦衷。大部分國家的皇后，其實是來自其他王國的公主，是政治婚姻的犧牲品。來到陌生國度，四面楚歌，唯一能依靠的人只有老公——國王，為了得到國王的寵愛，她必須比任何人都美麗。或許因為如此，她才會瘋狂照鏡子，對外貌如此執著。

她也可能只是思鄉情怯，對著鏡子說了幾句方言，周遭聽不懂的人卻誤以為她在念奇怪的咒語；抑或是清掃僕役在擦拭這面模糊鏡子時，想像著皇后可以看見自己看不見的東西罷了。

皇后與公主的自我價值是青春？

除了《白雪公主》之外，還有不少童話裡都有巫婆皇后，像是《佩羅童話集》的《睡美人》。一般我們熟知的故事情節是沉睡的公主被王子一吻後甦醒，兩人結婚過著幸福快樂的日子。但是原版故事中，王子的媽媽，也就是公主的婆婆兼皇后，其實是一位巫婆。這位巫婆皇后不但吃了自己的媳婦，連兩個孫子都不放過，最後受罰而死。

王子絕不會告訴別人他內心的祕密。他深愛著母后媽媽，同時又有些害怕。他的恐懼來自於媽媽是食人的魔鬼後裔，她以雄厚的財力，嫁進來成為皇后……

一眨眼的瞬間，巫婆皇后被可怕的禽獸給吃掉了。國王非常傷心，畢竟她是自己的親生母親。但他擁有眼前美麗的太太和兩個可愛的孩子，時間流逝，國王的心情慢慢平復，並過著幸福快樂的日子。

在世界各國的童話中，為什麼公主總是貌美善良，年華老去的皇后就是壞巫婆？她們明明擁有強大的魔法和權力，為何只能輸給年輕的公主？連國王都能立刻遺忘母后悲慘的逝去，過著幸福快樂的日子，原因究竟為何？

工業革命以前，農耕社會最重要的任務就是確保耕地及勞動力，就算身為女性，也會以勞動力、生產力及生育力作為價值評斷。然而女人的生育力會隨著年紀增長而明顯下滑。根據資料記載，三十歲女性的生育力是二十歲時的百分之八十五，四十歲則為百分之三十五，五十歲則接近於零。在當時，無法生育的婦女等同沒有價值，只能將位置讓給富有生命力的年輕少女，就此被打入冷宮。

全世界的民間故事都反映出這個現實：故事中的年輕女性總會贏得勝利，年華逝去的皇后最終仍是失敗。這其實隱含了當時女性被作為生育工具的悲哀。如今世道已變，女性除了生育之外，對社會貢獻良多，證明了自己的價值。不過童話裡的老皇后會因此而解脫嗎？我試著從現代的政治、歷史、女性主義等層面出發，以正確的態度欣賞童話作品。但是老皇后依然是壞人，年輕的公主仍然是好人，故事還是被一分為二。只是原本被動又柔弱的公主，漸漸成為主動積極的女性。上了年紀的女人，還是免不了被打入冷宮。公主和皇后，其實是同一個人，皇后就是公主的未來。年華老去的公主終究會成為皇后，敵不過輸給年輕公主的命運。為了阻止惡性循環繼續發生，不再年輕貌美的我，決定站出來，為了自己，也為皇后的存在價值發聲。

國王的婚姻是精密的政治計算

某些童話故事裡，年輕女孩也會被誣陷為巫婆，像是安徒生《野天鵝》中的艾麗莎公主就是最好的例子。

艾麗莎公主與十位哥哥一直過著幸福快樂的日子，但與父王再婚的壞皇后卻把她趕出家門。她的哥哥們中了繼母的魔法，變成了天鵝，艾麗莎為了拯救哥哥，答應天使在織十件蕁麻衣裳的過程中不能講話。

躲在洞穴裡織衣的艾麗莎，某天被他國出來狩獵的國王發現了，娶她為妻，成了皇后。然而，大主教卻不斷設法誣陷艾麗莎為巫婆。某天國王與大主教跟蹤艾麗莎，發現她竟然經過墓園和幾位巫婆的附近。其實艾麗莎是為了採集蕁麻，然而礙於與天使的約定，使她無法為自己辯解。最終，艾麗莎被誣陷成巫婆，被綁在火刑臺上。

此時，天鵝哥哥們飛向了火刑場，艾麗莎將織好的蕁麻衣裳丟向他們，穿上衣服的哥哥們立刻變回人類。終於，她得以說明來龍去脈，解開了誤會，與國王和哥哥們過著幸福快樂的日子。

年輕女孩被誣陷為巫婆的故事，結局往往不像老巫婆皇后一樣以悲劇收場。通常她們可以克服危機，迎接幸福美滿的結局。但是年輕皇后為什麼會受到質疑？而且早在大主教目擊艾麗莎的可疑行動前，便斷定她為巫婆。因為，他認為艾麗莎是施展魔法才能得到國王的寵愛。那為什麼大主教不給予祝福，反而與國王的愛妻為敵呢？

事實上，身為國王通常不能因「愛」而結婚，他們的終身大事必須先透過國家與家門間精密的政治計算。中世紀歐洲的聖職階級是受到認可的上等階級，因此大主教可算是國家重要的官僚之一。為了國家的將來，他必須建立及推動國王政治聯姻的計畫，然而艾麗莎的登場卻毀了這一切，不能埋怨國王的大主教，只好指控艾麗莎為女巫。通常也可看作是大主教擔心皇后會削弱他的權力，於是設法除掉皇后，便到處宣傳皇后是巫婆，用巫術迷惑了國王。由此可知，年輕女孩通常是因王國內部的權力鬥爭才會遭到誣陷。

皇后外貌與生存息息相關？

中世紀歷史上，可以看到不少皇后變成巫婆的案例。為了確保國家安全，歐洲國際間的政治聯姻十分普遍。有不少國家的民眾會把對皇后母國的敵意轉嫁到皇后身上。人們甚至過度宣傳皇后的奢華生活，把宣洩的對象從自國的國王轉為異國而來的皇后。然而，問題的根本並非皇后奢侈的治裝費，而是國家體制本身的矛盾。

讓我們從中世紀轉到現代來看。原本鏡子製造技術是由威尼斯獨占，在十七世紀中期，法王路易十四（Louis XIV）的大臣柯爾貝爾（Jean-Baptiste Colbert）將其引進法國，到了十七世紀末，法國開設了國立玻璃製造所及國立鏡子製造所，大量的生產使得鏡子價格下跌，變得大眾化，而且過往那種因人而異、成像不一的鏡子也已不復存在。

啟蒙時代來臨，大規模的獵巫不再發生，但皇后的苦難就此結束了嗎？當然沒有。皇后雖不再被稱為「巫婆」，卻被嘲弄為「娼妓」。就以法國大革命時遭受審判的路易十六（Louis XVI）配偶——瑪麗・安東妮（Marie Antoinette）來舉例。她是奧地利公主，在法國大革命前，她大量的出現在色情書刊之中。判決時，路易十六僅被流放，而瑪麗．安東妮卻背上性犯罪、道德犯罪等辱名，使她成為了「巫婆皇后」，這其實是對君主體制的攻擊。然而只因她來自異國，就必須背上黑鍋，未免過於殘忍。

讓我們把話題帶回《白雪公主》中皇后的魔鏡吧！歷史上，梳妝打扮是上層階級富有的象徵。像皇后一樣位於權力中心的女性，美麗的外貌也是鞏固權力的武器之一，比如英國女皇伊麗莎白一世，就是成功利用外貌進行形象政治的最佳代表。年輕時的她經常以華美裝扮現身，上了年紀後，她則以比實際年齡年輕貌美的「自畫像」現身。

總而言之，皇后和女王照鏡子都有她們的苦衷。外貌對她們來說，與權力及生存息息相關。被誣陷為巫婆，也許不是因為她們過度在意外貌或過度奢侈，而是身為女性的她們卻對權力起了貪婪之心。對著鏡子自我陶醉的皇后，真的是十惡不赦的巫婆嗎？或許她們是為了治國，而重新檢視、反省自己的優秀統治者也不一定啊！魔鏡啊，魔鏡！請告訴我真相吧！

註1：一八〇五～一八七五年。丹麥作家和詩人，尤以童話故事聞名於世，作品有《拇指姑娘》（*Tommelise*）、《冰雪女王》（*Snedronningen*）等。

註2：Hieronymus Bosch，一四五二～一五一六年。波希的作品多著墨於人類的道德沉淪與罪惡，並創作了多幅三聯畫（繪於三片接合起來的屏風上）。

History in Story

鏡子裡的聖女與巫婆

「鏡子裡的我是左撇子。」就算不引用韓國詩人李箱的詩句，大家也都知道鏡子與現實相反。那麼，可以同理推斷：巫婆照鏡子會變成聖女，聖女照鏡子則會看到巫婆嗎？

古代多神論衍生的女神崇拜，與基督教帶有男性色彩的一神論，截然不同。在基督教支配歐洲以前，女神崇拜的傳統深深烙印在人民的日常生活中，因此天主教以「聖母瑪利亞信仰」及「守護女神」等女神崇拜吸收信眾。

問題出在古代女神是以「善惡共存」的模式備受崇拜，但是天主教只崇拜「善」的一面。舉例來說，希臘神話中的阿蒂蜜絲（Artemis），同時具有「光明月亮女神」塞勒涅（Selene）的形象，以及支配冥府、魔法、怪物的「月陰女神」黑卡蒂（Hecate）的形象。不過天主教的聖女崇拜，卻只留下阿蒂蜜斯的純潔女神形象，掩蓋其黑暗的一面。

過去古代女神有三個人生階段，分別為形象純潔的處女、潔身自愛的母親、極具智慧的老婆婆。不過，其中蒼顏白髮的老婆婆並不符合天主教聖女的形象，天主教的聖女永遠都是被刻劃成年輕貌美的模樣。

但是天主教還是必須有人扮演負面存在，究竟誰該擔任這個角色呢？答案正是人老珠黃的巫婆。

威尼斯商人——可憐的邪惡壞角夏洛克

威廉·莎士比亞（William Shakespeare）[1]

——《威尼斯商人》（*The Merchant of Venice*）

威尼斯商人——作者不詳。

在充滿猶太人歧視的相關作品中，莎士比亞的《威尼斯商人》想必是其中最著名的。思考一下當時威尼斯的貿易現況及法律體制，在那時空背景下，我想再也找不到比它更荒唐的作品了。我反覆思考莎士比亞的意圖，竟如此難以捉摸。而身為讀者的我，又為什麼反而憐憫起壞人夏洛克了呢？

讀完這部作品，腦海中總會浮現許多問號，這得歸功於這部作品獨特的架構。一般我們閱讀的《威尼斯商人》是簡略過的兒童書籍，而真正的原著是由四個不同的故事組合而成，因此要找到故事重點並不容易，其中最廣為人知的就是第一則故事。

威尼斯商人巴薩尼奧為了向住在貝爾蒙特的波西亞求婚，而向好友安東尼奧借錢。安東尼奧為了借好友錢，找上了猶太人夏洛克所經營的高利貸借貸所。

曾經被安東尼奧公然汙辱的夏洛克，打算藉機報仇。他跟安東尼奧簽訂了「如果無法還款，就要割掉一磅離心臟最近的肉償還」的契約。不幸的安東尼奧，全部財產所投資的貿易船沒有成功返航，於是破產。沒有按時還款的安東尼奧，最後只好站上法庭。

聽聞此事的波西亞，變裝成法官參與法庭，並且下了判決：「你可以拿走一磅的肉，但按照契約，你不能拿走任何一滴血。」波西亞的智慧救了安東尼奧一命，不但將夏洛克的財產全部沒收，並下令其改變信仰。

另外三個部分，則是由巴薩尼奧向波西亞求婚時挑選鉛匣的故事、波西亞拿戒指考驗巴薩尼奧的故事，以及猶太人夏洛克的女兒決定與基督教青年結婚的故事所組成。其中，仍屬夏洛克與安東尼奧的故事最為著名。

英國文豪筆下的反猶太主義

一直以來，對猶太人的仇恨都是因宗教而起。基督教認為救世主耶穌就是遭到猶太人處刑，他們不僅抵制猶太教，還不斷強迫猶太人更改信仰。到了十九世紀後，開始出現反猶太主義，甚至猶太人在生物學上被認定為劣等人種，成為人人憎惡的對象。

此一現象，可以連結至第一次世界大戰戰敗後黯淡的德國情勢：在希特勒統治下的德國納粹，對猶太人進行了大屠殺。但這不全然是希特勒的錯，假如歐洲沒有憎恨猶太人的傳統，沒有對他們進行社會迫害，那麼當時的歐洲人就不會放任希特勒迫害猶太人，造成短短十年內六百萬人喪命的大悲劇。

究竟為什麼歐洲會有如此強烈的反猶太情緒呢？

在《威尼斯商人》中，將猶太人描述為從事高利貸的貪婪之徒，因此受到眾人的羞辱及排擠。然而，事實卻正好相反！猶太人因為受到排擠，除了經營高利貸外，別無選擇。中世紀封閉的經濟體系，以有限的耕地作為經濟中心，猶太人根本無法在夾縫中生存。在當時猶太人是無法擁有土地的，即便能夠擁有土地、房產，對於隨時可能被驅逐的他們來說，這種無法隨身攜帶的不動產根本毫無意義。

猶太教與基督教同樣是一神信仰，都使用《舊約聖經》，而與基督教徒不同的是，猶太教並無規章禁止「利息放款」，所以他們可以從事當鋪、高利貸業等工作。

中世紀歐洲的封建領主，每當遇上戰爭或其他原因而急需用錢時，就會向富有的猶太人融資公司借款。為了償還本金和利息，他們極度剝削領地內的農民，而遭剝削的民眾便把不滿與批判發洩在猶太人身上。對領主感到不滿的民眾，坐視猶太村莊遭受襲擊、放火，甚至火上澆油，使得受害者猶太人反倒面臨被驅逐的命運。如此一來，領主的借貸責任就能一筆勾消。

因此，非猶太人藐視猶太人「榨取金錢」，是一種扭曲的想法。這種想法在莎士比亞時代以前就已存在，而莎翁在《威尼斯商人》中將猶太人塑造成人格破產的高利貸業者，並賦予其貌不揚的外貌。

但莎士比亞本人真的見過猶太高利貸業者嗎？答案也許沒有。莎士比亞的祖國——英國，早在他誕生以前的一二七五年，就明文禁止猶太人從事高利貸業，並在一二九〇年驅逐猶太人，除了一部分改信基督教的猶太人之外，其餘都必須離開英國，因此莎士比亞所遇見的猶太人早就改變信仰了。

猶太人得以再次進入英國，已經是一六五六年奧立佛・克倫威爾（Oliver Cromwell，英國議員）的時代。此時，莎士比亞早已逝世四十年。所以，莎士比亞在沒有實際看過猶太人從事高利貸業的情況下，憑空想像寫出這部作品。這時的我只想問：「莎士比亞大叔，你為什麼要這麼做呢？」

懂得分散投資的威尼斯商人

除了猶太商人外，莎士比亞對威尼斯的描述同樣是極盡想像力之能事，扭曲事實，顛倒是非。因此《威尼斯商人》中有不少與當時威尼斯現況截然不同的內容。

在莎士比亞的年代，威尼斯等同於現今的紐約，是世界經濟的樞紐。威尼斯的猶太人並非高利貸業者，而是「國際投資者」，為資本主義初期的發展做了極大貢獻。像夏洛克一樣，居住在威尼斯的猶太人為「塞法迪猶太人」（Sephardi Jews），是指以前居住於西班牙和葡萄牙的猶太人子孫[2]。

一四九二年完成統一的西班牙，驅逐了不願改信基督教的猶太人，當時約有二十五萬名的賽法迪猶太人移居至北非、義大利、鄂圖曼帝國等地。失去猶太人資本的西班牙經濟不復以往，而其他跳脫宗教黑白理論的國家，以「現實」為考量，重新接納猶太人，反而在經濟上創造亮眼的成績。

威尼斯仰賴地中海貿易而成長，是具有「實用性世界觀」的地方，沒有理由像《威尼斯商人》中所描寫的那樣，嚴重歧視遷居於此的猶太人。雖然威尼斯是世上第一個建立「猶太人居住區」的國家，但它並不是像二戰時建於波蘭的「強制收容所」，反而比較趨向於基督教以關懷的角度保護猶太人，如《威尼斯商人》中安東尼奧公然羞辱夏洛克的場面，不太可能發生。

安東尼奧將全部財產投資於一艘船的狀況，也很不現實。實際上，威尼斯商人投資貿易船時，都會利用一種被稱為「柯立甘薩」（Colleganza）的聯合企業制度，同時與好幾名投資者合作，合夥投資採購商業航海所需的所有裝備，而不會以個人投資出發。

威尼斯商人以這種方式對各個地區的船隻進行分散投資。正所謂「雞蛋不要放在同一個籃子裡」，當時的他們早已體現「現代投資組合理論」（Modern Portfolio

Theory）的原則。所以，投資的船隻就算在途中載著值錢的商品遇難，也不會有破產的情形發生。即便在貿易中途發生戰爭或天氣異變等因素，導致船隻無法動彈，資金還是能順利周轉，因為投資者早已進行分散投資，其他地區的船仍會陸續回航。

由此看來，安東尼奧因商船遇難而破產，被夏洛克「以刀相逼」的情況，與當時的威尼斯大相逕庭。

猶太人面對的雙重標準與迫害

到目前為止，《威尼斯商人》的內容和當時威尼斯的貿易狀況及猶太人的處境無一吻合。我開始懷疑，除了主要章節裡對夏洛克的審判外，作者又編織了其他額外的故事，到底有什麼用意呢？這使我不斷推敲莎士比亞執筆的真正意圖究竟是什麼。

只要提到《威尼斯商人》，腦海中就會浮現惡毒殘忍的夏洛克嘴臉。現在先不論作者的意圖，讓我們換個方向，探討主軸故事之外，巴薩尼奧求婚過程中出現的波西亞匣子吧！

巴薩尼奧想向波西亞求婚，就必須在金、銀、鉛所製造的三個匣子之中選出具有波西亞畫像的匣子。選擇匣子的人，必須先答應絕對不會告訴別人關於箱子祕密的約定——如果選錯將會一輩子成為鰥夫。最後，巴薩尼奧選中了波西亞畫像的匣子，並得到她的愛。

沒想到，比萬物都珍貴的波西亞畫像竟放在完全對比的鉛匣子中。難道莎士比亞是想透過裡外不一的匣子，在表面上描述夏洛克的失敗，其實是在批判基督教的雙重標準？變裝為法官的波西亞，明明只需要讓夏洛克放棄一磅肉，拯救安東尼奧的性命就好，卻下了重大的判決，不僅沒收夏洛克的所有財產，還要求他改變宗教信仰。這些劇情不但不合情理，也不合法理。

裁判之前，夏洛克因可以報一箭之仇而洋洋得意，法官波西亞則不斷懇切地勸告，要他網開一面。然而到了下半場，夏洛克情勢開始不利之際，滿嘴仁義道德的法官波西亞，卻不幫夏洛克向安東尼奧求情，處理方式極為不當。每天讚頌基督教美德「愛」與「寬容」的他們，為何不對猶太人夏洛克施以相同的標準？表裡不一的匣子，也許就是象徵著基督教雙重性格的角色——波西亞、安東尼奧、巴薩尼奧。

然而，當時的觀眾普遍把這場法庭對決當成一般喜劇欣賞，自以為從中獲得「正義必得伸張」的痛快，寓教於樂，陶冶性情。把現實生活中遭遇的困難，怪罪給基督教的共同敵人——猶太人，其實是將基督教支配者給予的壓力發洩在猶太人身上罷了。說不定莎士比亞正躲在舞臺布幕後，看著這群基督教觀眾的反應，嘲笑嘀咕著：「這群表裡不一的人們啊！」

《威尼斯商人》是一部能刺激多向思考的作品，表面是浪漫愛情劇，利用法庭大逆轉的場面，敘述堅定的友情，然而掀開鍋蓋，才發現它隱藏著意義深刻的內容，揭發基督教徒醜陋的雙重標準。這部具有深層意涵的作品中，不管是助長反猶太主義的情節，還是與英國、威尼斯實際史況不符的部分，都可以被視為是莎士比亞痛快豪爽的指控。最重要的是，我們穿越表面，從中欣賞了《威尼斯商人》的本質。

註1：一五六四～一六一六年。英國劇作家、詩人，是世界最傑出的文學家之一，尤其戲劇作品不斷被翻譯、表演，對後世文學、戲劇、電影等都影響甚鉅。

註2：另有一支德國裔猶太人與其子孫被稱為「阿什肯納茲猶太人」（Ashkenazi Jews），中世紀以後猶太人被分為阿什肯納茲和塞法迪猶太人，現今居住於以色列的他們，仍有各自代表的首席拉比。

History in Story

活在咖啡廳菜單上的威尼斯商人

Espresso（濃縮咖啡）、Americano（美式咖啡）、Cappuccino（卡布奇諾）、Latte（拿鐵）……我們熟知的咖啡名稱都是由義大利文而來的。一般指稱咖啡師的「Barista」，也是義大利文。為什麼咖啡用語都是義大利文呢？

從衣索比亞發源的咖啡，原本是只有伊斯蘭教徒才會喝的飲料，歐洲人則是在十字軍東征時侵略伊斯蘭地區才初嚐咖啡滋味。起初歐洲認為咖啡不但散發惡魔之色──黑色，且是異教徒所喝的飲料，對其十分抗拒。

後來的貴族外交官與貿易商，在鄂圖曼帝國統治下的君士坦丁堡嚐到咖啡之美，回到歐洲母國後，咖啡文化才從他們之中開始發芽。此時咖啡仍是不得公開品嚐的飲料。

直到一六〇五年，教宗克勉八世（Pope Clement VIII）為這個「異教徒飲料」舉行受洗儀式，正式定為基督徒的神聖飲品，開啟人們享受咖啡的大門。一六一五年，義大利透過與伊斯蘭商人交易引進咖啡，威尼斯商人便是其中的要角。一六四五年，威尼斯開了全歐第一間咖啡廳，咖啡迅速流行於歐洲，咖啡廳開始出現於歐洲各個角落。

咖啡在歐洲大陸傳播的歷史過程中，擔任地中海貿易要角的威尼斯商人功不可沒，所以與咖啡相關的用語，至今仍使用義大利文表示。

第二部

英雄的重生，
是利益，是祕辛，
還是愛情？

不死的英雄
——羅賓漢

霍華德·派爾（Howard Pyle）[1]

——《羅賓漢冒險記》（*The Adventures of Robin Hood*）

羅賓漢冒險記——霍華德·派爾（作家兼插畫家）。

超人、蜘蛛人、蝙蝠俠、鋼鐵人……他們都是肩負著保護弱者、抵抗強者、拯救美女三大使命的英雄，其中誰的年紀最大？而英雄的始祖又是誰？恕我無法看完全世界口傳故事的記載，不能輕易斷言，但根據史料記載，最老的英雄是八世紀初以古英語命名的「貝武夫」（Beowulf）。

除此之外，還有兩位歷史悠久、不可不提的英雄。那就是在西方社會不斷於文學、戲劇、電影中被重新詮釋的英雄故事——「亞瑟王」及「羅賓漢」。湊巧的是，這三位主角都與英國歷史密不可分。

接下來，我們將透過他們來探討歷史與英雄故事如何相互影響、英雄怎麼被創造及改造、後人又是透過何種方式讓他們歷久彌新。

入侵！英雄誕生的前奏

不知大家是否清楚「英國入侵」（British Invasion）這個用詞？一九六〇年代中期，披頭四與許多其他英國樂團席捲美國音樂市場，當地媒體形容此為「英國入侵」。而韓國 K-POP 歌手於二〇一一年大舉進入日本，當地媒體也曾以「韓國入侵」（Korean Invasion）作為標題。具有形容文化渲染、暗中侵入的意義。

從古英國歷史中尋根探源，可以發現「入侵元祖」的痕跡，就是她創造了「入侵」這個詞彙，像是羅賓漢與其他英雄故事，就源自於英國被入侵的歷史當中。

冰河時期的大不列顛島[2]與歐洲大陸相連，在海峽生成前早有原住民居住於此。西元前七至八世紀，凱爾特人離開歐洲移居至此，一同成為英國先史時代的居民。

西元前五十五年，羅馬帝國的凱撒引領軍隊入侵大不列顛島，被稱為「羅馬入侵」（Roman Invasion）。羅馬人在此統治了四百年，撤守後許多羅馬軍人順理成章成為當地居民。

直到四至六世紀，歐洲各地面臨了日耳曼族大移動的劇烈變化，大不列顛島遭到日耳曼族分支——盎格魯-撒克遜人的侵略，趕走大不列顛人，建造了自己的王國，被稱作「盎格魯-撒克遜入侵」（Anglo-Saxon Invasion）。描述原住民大不列顛人大舉反抗的傳說，正是著名的《亞瑟王傳奇》（*The Age of Chivalry*）。

接著來到九至十一世紀，被稱作維京人（丹麥日耳曼人）的諾曼族分支，侵略了大不列顛島，史稱「丹麥入侵」（Dane Invasion）時期。不論是盎格魯-撒克遜人或維京人，都是來自歐洲西北部的日耳曼族人，進到大不列顛後，他們將原居地具有北歐神話與文化色彩的貝武夫故事口述傳入。《貝武夫》是一首完成於八世紀初的英雄敘事長詩，是古英語記載的傳說中最古老的一則。

十一世紀時，諾曼的威廉一世（William I）聲稱自己有英國王位繼承權，也入侵了大不列顛，創立了新的諾曼帝國。英國受歐洲大陸異族侵入的歷史在「諾曼入侵」（Norman Invasion）劃下句點，英國史正式展開。然而諾曼入侵時期，撒克遜人從原先的侵略者，變為被統治的原住民，此時，一本描述撒克遜人反抗諾曼王朝的傳說誕生了，那就是《羅賓漢冒險記》。

《亞瑟王傳奇》、《貝武夫》、《羅賓漢冒險記》都是英國歷史上對抗外敵入侵時所出現的英雄故事，但唯獨《貝武夫》在傳承之中沒有受到英國民間重新詮釋，加入不同變化。難道他們對於英雄化或美化侵略者歷史的橋段已經感到厭惡？但是亞瑟王和羅賓漢卻是好萊塢翻拍電影中數一數二的知名人物，甚至跳脫英國，成為全世界愛戴的英雄，與貝武夫正好相反。

亞瑟與羅賓漢的故事，受到後代改編，以各種形式復活，為英國國家認同做了不少貢獻。他們在故事中壯烈犧牲，卻遲遲等不到「完結篇」。與英國隔海相望的法國大革命（French Revolution，一七八九至一七九九年）和拿破崙戰爭（Napoleonic Wars，一八〇三至一八一五年）時期，是亞瑟王與羅賓漢最為興盛的時期。

所謂的「英雄」，即便死後也會在人們的心中再次復活，但是他們卻有著天南地北的差異。亞瑟王是受到國王、貴族、騎士等統治階層喜愛的英雄故事，羅賓漢則是一般市民的英雄。隨著時代演進，亞瑟王的情節加入了聖杯傳說，以及其他騎士的冒險故事，漸漸轉為記錄基督教騎士精神及體制守護的文學作品。

反之，羅賓漢隨著時代變遷，在故事、戲劇及電影上，不斷在生活周遭與新的敵人對抗，民族英雄的形象深深刻畫在人民心中。大眾並沒有選擇貝武夫及亞瑟王作為英雄代表，而是選擇了俠盜羅賓漢，實在很有趣。現在就來看看永遠的民族英雄——羅賓漢的故事吧！

征服者威廉統治下的民怨

羅賓漢誕生的正確年代已不可考，也沒有確切的作者，是中世紀以民謠的方式傳頌下來。不僅如此，羅賓漢的年代、身分、工作還會隨著版本而有差異。這個章節，我將引用十九世紀浪漫主義時期廣受歡迎的兒童版本，霍華德·派爾的《羅賓漢冒險記》作為闡述。

十二世紀是亨利二世執政的年代。羅伯特暱稱羅賓漢，因殺死了國王的鹿，逃亡到雪伍德森林。俠盜羅賓漢與他的一群「歡樂夥伴們」，專門掠奪經過森林的高階聖職人員、貴族的財物，以冒險為樂。

他雖違反法令，惹怒國王，處於危險中，但仍救了皇后阿基坦的埃莉諾一命。亨利二世死後，繼承王位的理查一世派人從雪伍德森林找來羅賓漢，收為自己的部下，並封其為漢丁頓伯爵。羅賓漢跟隨著國王，參與了第三次十字軍東征。然而下任王位繼承人理查一世的弟弟——約翰（John），卻對遠征歸來的羅賓漢心有不滿。於是，他再次回到雪伍德森林，在好友小約翰的懷中死去。

在霍華德．派爾的版本中，羅賓漢最主要的敵人是諾曼貴族。

法國諾曼第大區公爵威廉一世，帶領諾曼人大舉侵入英國，在黑斯廷斯戰役（Battle of Hastings）中，將盎格魯-撒克遜貴族趕盡殺絕，建立了新王朝，被稱為「征服者威廉」。他引進了歐洲封建制度，將領地分給自家家門及旗下的騎士。還將英國國土約三分之一的森林封為王室專用，若有人獵取森林的鹿或兔子，就是唯一死刑，使撒克遜民眾怨聲載道。因此在戰爭中存活下來的撒克遜貴族，經常躲在森林襲擊搶奪諾曼貴族的財物，再分給慘遭暴政統治的原住民們。森林裡「歡樂夥伴們」的傳說，就是由此而來。

有人餓過了頭，逼不得已獵了一頭國王的鹿，而遭判死刑，在耳朵差點被割下前，設法逃了出來。而有的人則是被貴族或家財萬貫的聖職者、地主，搶走了家園與農田。只好逃出。不知不覺中，羅賓漢身邊聚集了一百名以上的山賊，並將羅賓漢選為頭目。

「經過雪伍德森林要注意！小心被藍衣服的狗撕咬！」貴族、富有的聖職者、地主們經常這麼說。這群人以高額稅金及罰金虐待窮困之人。羅賓漢一夥人，專門等待他們經過森林，奪其財物，他們對此感到十分恐懼。

羅賓漢活躍的十二世紀，是金雀花王朝的亨利二世、獅心王理查、約翰王統治英國的時期，民眾對諾曼王朝的反對聲浪相當高。從征服者威廉登基以來，諾曼族統治階層對民眾的霸行不斷。以英勇著名的獅心王理查，為捍衛爸爸亨利二世與母親阿基坦的埃莉諾留下來的法國領土，與馬其頓國王腓力二世（Philip II of Macedon）爆發衝突。

為了參加第三次十字軍東征，獅心王理查帶領大量軍隊遠征耶路撒冷。當時國王不斷頻繁對外出戰，英國民眾為了繳納戰爭費用，早已苦不堪言。更糟糕的是，理查王在遠征回國的途中，遭神聖羅馬帝國皇帝亨利六世（Heinrich VI）拘留，英國人民還得為國王贖身。經常性地稅務徵收與昂貴的土地稅，讓盎格魯-撒克遜貴族及民眾對法裔諾曼支配階層日益不滿。

因時代而進化的羅賓漢與對手

羅賓漢拿起酒杯說：「等等，乾杯，並讓我說幾句話吧！敬我們偉大的理查王！讓我們殲滅國王的所有敵人吧！」

所有人為敬祝國王健康而舉起酒杯。

國王也為了自己而舉起酒杯，並心想：「這群人難道是為了殲滅自己而舉起酒杯嗎？」

從引述中可以看出，羅賓漢一群人雖對貴族地主心有不滿，但仍對國王忠誠不二；雖對信仰虔誠，但仍對高階聖職者懷抱敵意。羅賓漢認為，濫用國王所賦予的特權、使百姓痛不欲生的諾曼貴族們，以及沒有按照神的旨意行動、貪汙腐敗的高階聖職者，才是所謂的「敵人」，而非國王與基督教。由此可知，喜歡閱讀羅賓漢故事的百姓，並沒有仇視整個國家與宗教統治階層。

另一位作家筆下的「羅賓漢」，除了跟著獅心王理查參戰十字軍東征外，還與伊斯蘭教徒對抗。在此版本中，羅賓漢的敵人則是異教徒伊斯蘭人。然而最近期的版本，二〇一〇年由雷利．史考特（Sir Ridley Scott）導演的《羅賓漢》（*Robin Hood*）當中，由羅素．克洛（Russell Crowe）主演的羅賓漢，明確地敵視約翰王，並認為攻擊十字軍的伊斯蘭教徒是與自己相同的「人」。

羅賓漢的敵人為什麼隨著時代推進而改變？其實這是受到每個時期觀眾的世界觀影響，進而反映到劇情上。霍華德．派爾的版本也許是受到十九世紀浪漫主義的影響，著重於描述森林中逍遙自在的生活，而不對英國國王做任何批判，唯一不變的是統治結構的框架。然而到了二十世紀初，社會主義革命後，作家轉為強調羅賓漢與「受益者」及「非受益者」之間的衝突。

隨著敵人不斷進化，羅賓漢也進化了。我很好奇將來的他會站在誰的立場，做出什麼樣的舉動。英雄因歷史事件誕生，卻永遠活在後人的現實生活中。

註1：一八五三～一九一一年。美國插畫家、兒童文學作家。

註2：英國是由大不列顛島內的英格蘭、威爾斯、蘇格蘭，以及愛爾蘭島北邊的北愛爾蘭地區，共同形成的聯合王國（United Kingdom），為了與現今的英國做區別，此處以大不列顛島陳述。

History in Story

愛取綽號的歐洲國王

如同文中提到的「獅心王理查」，歐洲國王為什麼大多都有別稱？

西方國家經常透過聖人、《聖經》人物及祖先的名字來命名，因此同一家族會出現許多「同名異人」的狀況。為了方便區分，各地會為他們加上暱稱或別名。例如法國傳統喜歡以「腓力」（Philip）命名，為了區分是哪個腓力，才又出現「奧古斯都」（Auguste）、「美男子」（Handsome）等綽號。

取綽號時，也會透過國王的戰績及外貌特徵來取名。以獅心王理查為例，第三次十字軍東征時，在敵人薩拉丁（Saladin）面前，他展現了英勇無畏的一面，因此得到「獅子」的暱稱；而征服者威廉也是因戰績得名。以外貌得名的則有禿頭查理二世（Charles II le Chauve）和胖子查理三世（Charles le Gros）等。

國王的綽號中，還有現代人最愛用的「藍牙」（Bluetooth）。十世紀左右，統一斯堪地那維亞的丹麥國王哈拉爾一世（Harald Blåtand Gormsen），其綽號就是藍牙。這個特殊綽號的由來，有兩種說法。一說是他非常喜歡吃藍莓，牙上總是黏著藍色的汁液；另一說則是他做了藍色的假牙。開發無線傳送技術「藍牙」的公司，則是希望產品能夠像完成統一偉業的藍牙哈拉爾一樣，統一無線傳輸技術的規格，而引用其名。

羅密歐與茱麗葉的浪漫抗爭

威廉・莎士比亞（William Shakespeare）
——《羅密歐與茱麗葉》（*Romeo and Juliet*）

羅密歐與茱麗葉——法蘭克・迪科西（Frank Dicksee）。

《羅密歐與茱麗葉》是愛得水深火熱的兩人，因門不當戶不對與命運的捉弄，無法實現愛情的代表性巨作。

義大利的維洛納有兩大家門，卡布雷特與蒙特鳩。從以前開始，這兩家人就有著不解之仇，不論是親戚或僕人，只要在街上遇到彼此，都免不了一場脣槍舌劍，嚴重時甚至會上演全武行。維洛納的街頭，總是被他們鬧得沸沸揚揚，不得安寧。

小時候讀著兒童版的《羅密歐與茱麗葉》，這個部分總是讓我覺得最扣人心弦。為什麼羅密歐與茱麗葉的家族間有如此難解的恩怨情仇？原因既不是戰爭，也不像韓國被分化為南北。國中歷史課雖提到教皇派與皇帝派間的衝突，但輕描淡寫，解不了我心中的疑惑。當時到底發生了什麼事情呢？

為何十三世紀的義大利是一盤散沙？

羅馬帝國滅亡後，查理大帝（Charlemagne）於西元八〇〇年即位，並統一了現在的法國、德國、奧地利、義大利部分地區。雖然地區侷限，然而對歐洲人來說，這意味著永遠的羅馬帝國再次復甦。

當時東邊是東羅馬帝國，也稱為拜占庭帝國。拜占庭帝國皇帝承認查理大帝為西羅馬帝國之皇，除了威尼斯、南義大利、西西里島以外的義大利地區皆為其所屬；而義大利中部則由教皇國（Civitas Ecclesiae）管轄。

奧托一世（Otto I）所建立的神聖羅馬帝國，十世紀末由德國皇帝們繼續接管，其後他們借用該名義干涉義大利。不僅如此，除了德國皇帝外，法國國王及其他西歐國王也認同進攻義大利，唯有攻下羅馬才能真正成為治平天下的皇帝。會有這種「強迫觀念」，是由於「羅馬帝國的中心必須為羅馬」一語而起。然而查理大帝與其繼承者的大本營根本不是在義大利半島，而是位於阿爾卑斯以北，因為中世紀西歐國王們的「帝國觀念」，才導致他們不斷透過政治、軍事介入義大利半島。

至於教皇，等同現今的宗教領導者，同時是擁有義大利中部地區的領主，面對那些對義大利虎視眈眈的歐洲皇帝們，卻只能成天提心吊膽。被世俗權力及聖職者任命權包圍的教皇，與皇帝們之間的衝突不斷，夾在之中的義大利城邦，自然分裂為支持教皇的「教皇派」（Guelphs）及支持神聖羅馬帝國皇帝的「皇帝派」（Ghibelline），這兩大派系各自仗著教皇及皇帝的撐腰，互相較勁，雪球愈滾愈大。

兩派人馬開始拳腳相向，贏家將輸家的財產全部沒收，並予以驅逐。輸家為了再次回到家鄉，養精蓄銳，為教皇或皇帝提供後援，招募傭兵，待權力恢復，再向贏家報仇，惡循環接連不斷。十三至十四世紀，維洛納地區的兩派對立達到巔峰，《羅密歐與茱麗葉》的故事背景正源於該時期。

透過「流放罪」看中世紀城市的特殊結構

羅密歐殺死茱麗葉表哥提伯爾特，最終被判流放。對於現代人來說，流放根本不算什麼。然而在一城一國各持其法的中世紀德國及義大利，「流放」可說是重刑之一。大部分中世紀人們，若出生在看不到教會高塔的村莊，可能一輩子都沒機會看到。他們沒有民族概念，交通與通信也不發達，獨自前往沒有親戚相互照應的陌生地區，簡直是「被社會判了死刑」。當時城邦之間的時間概念略有不同，甚至連使用的月曆都大不相同。

羅密歐早有不好的預感，但是他必須立刻離開。隔天天一亮，在維洛納街頭被發現的話，就必死無疑了。

不知道羅密歐與茱麗葉之間情愫的帕里斯，以為仇人蒙特鳩前來挖掘墳墓，大發雷霆，要他別再回來。根據維洛納的法律，羅密歐如果在街頭被發現，將會以死刑犯的身分被捕。

中世紀的西方國家，擁有該地的領主同時具有「判決權」。當時沒有所謂的「警察」，犯罪者被判刑後，逮捕、執刑的工作大部分由受害者的親屬或家人負責。追捕逃犯也是一樣，人們會在國家境內共同合作追捕犯人。羅密歐若在維洛納街頭被捕，卡布雷特家的任何人都可以對他施以死刑，所以他必須盡快離開，逃到國境之外。而在墓園發現羅密歐的帕里斯，是茱麗葉的未婚夫，便是屬於受害者家屬的一員。

透過「流放罪」，可以看見中世紀城邦的特殊型態，也能理解義大利貴族為何會分為皇帝派與教皇派，世世代代結下不解之仇。對他們而言，從先祖開始，自己所居住的城市就等於全世界。為了在那裡生存，他們必須用盡全身力氣，掌控該城，並驅逐威脅自身安逸的政敵。

一旦失去權力，不是讓出公職位置就能了事，而是連繼續在該地生活的權利都沒有，因為當時並沒有制衡私人仇恨的公權力——警察。

以愛情對抗社會、階級與派別

第一次讀查爾斯・蘭姆（Charles Lamb）與瑪麗・蘭姆（Mary Ann Lamb）的兒童版《莎士比亞戲劇故事集》時，我才十歲。看著書中連十四歲都還不到的茱麗葉，心裡想：「這個只比我大幾歲的小女孩，沒有經過父母的同意，在搞什麼？」對於他們的愛情，我絲毫沒有興趣。成為高中思春期的少女後，我重新讀了一遍，這場以悲劇作結的愛情，一點也不讓我感到悸動。

我一直不能理解，為什麼《羅密歐與茱麗葉》是一部不朽名作？隨著年紀愈來愈大，我開始以新的角度欣賞這部作品，才發現它的核心原來就是我十歲那年想過的問題——沒有經過父母的同意。

「哦，羅密歐。為何你是羅密歐？為了我，拒認你的父親、放棄你的姓氏吧！如果你不肯，那就發誓你愛我。我亦將放棄我的名字。」

上述臺詞出現於著名的陽臺場景，茱麗葉要羅密歐拋棄姓氏，自己將會跟著拋棄名字。所謂的名字，就是姓氏，放棄它就等於放棄自己的家世。為什麼？因為他們必須反抗家門姓氏所帶來的束縛。

在當時的義大利，世家子弟必須跟隨家中的政治路線來決定自己的人生與婚姻。「沒有經由父母同意」自由戀愛的他們，為了結婚必須拋棄一切。離開綁住自己的家世，離開對他們來說就是全世界的城邦。他們之所以成為偉大戀人的代表，並不單只因為這場悲劇收尾的戀情，而是他們進而表現出近代的個人主義，打破教皇或教宗所支配的條理，抵抗為他們安排人生的父親。

羅密歐與茱麗葉，對該時期根深蒂固的社會條理提出質疑，勇敢走上自己選擇的路，成為戀人中最唯美的代表。在愛情的外衣裡，隱藏著如此偉大的內在，至今這兩位年輕人仍然在文學、歌劇、音樂劇、芭蕾、電影中與我們相遇，且直到永遠。

從某方面來說，《羅密歐與茱麗葉》和韓國的《春香傳》[1]有許多相似之處，兩者皆是對抗封建社會的愛情故事，而他們相遇的陽臺及廣寒樓（《春香傳》的故事場景之一）都脫離了象徵現實的地面，而且主角都是超級不聽話的十幾歲年輕人！年幼的他們不懂何謂恐懼，賭上自己的全部，對抗教皇、教宗與父親，最後他們改變了世界。改變世界的力量總是愛，而這份「愛」源自於盲目又狂熱的青春之血。

註1：描寫藝妓之女成春香和門閥子弟李夢龍之間的愛情故事，主張打破封建社會階級。

History in Story

茱麗葉的假死藥到底是什麼？

「喝下這個藥，妳將會沉睡。藥效會讓妳停止呼吸四十二個小時，就像死亡一般。但是四十二小時過後，妳會感覺從深沉睡眠中醒來，雙眼漸開。」

讓茱麗葉暫時死亡的藥，是以曼德拉草（Atropa Mandragora）製成。曼德拉草是生於東地中海地區的一種植物，長得有點像人蔘。它的葉子被用作止痛劑，根部則是麻醉劑。因此古羅馬在施行十字架刑以前，為減緩罪犯的痛苦，會讓其喝曼德拉草泡的酒。傳說二世紀左右，華佗曾以此作為外科手術的麻醉藥。

由曼德拉草調製的藥劑，經常在西方文學作品中出場。《奧德賽》（*The Odyssey*）中的魔女喀耳刻（Circe），就是使用它來讓奧德修斯（Odysseus）的同夥變成豬，因此曼德拉草也被稱為「喀耳刻草」。電影《哈利波特》中也有它的蹤跡，回想哈利在藥草實習課上，從花盆中摘了某種植物，結果從紅土中拔出一個根部有著嬰兒臉般的植物，並發出巨大的聲響，這個植物叫做「Mandrake」，也就是曼德拉草的英文名稱。

除了曼德拉草之外，文藝復興時期的義大利文學作品或歷史書籍中，還可以看見各式各樣的藥物及毒劑。當時衝突與戰爭一觸即發，「毒殺」隨處可見，不但反映出義大利城邦的政治體系，也反映出與東方貿易交流頻繁後物資豐富的經濟背景。

鐘樓怪人的愛情如何瓦解身分階級？

維克多·雨果（Victor Marie Hugo）[1]

——《鐘樓怪人》（*Notre-Dame de Paris*）

巴黎聖母院——吉多爾（GuidoR）。

著名小說《鐘樓怪人》的原文名稱為「Notre-Dame de Paris」，「Notre-Dame」意指「我們的貴婦人」，也就是「聖母瑪利亞」，因此供奉聖母的教堂都被稱為聖母院。而所謂的「聖母院」，絕非意指一個特定的教堂，甚至我家隔壁現在就有一間聖母院呢！不過歸功於維克多·雨果的小說，人們只要提到聖母院，第一個聯想到的即是「巴黎聖母院」。

一四八二年，巴黎聖母院前的廣場，神父孚羅洛對眼前舞姿曼妙的吉普賽美女艾絲梅拉達一見鍾情。他命令教堂鐘塔守護者——加西莫多去綁架她。當加西莫多被丟棄時，是神父將他留下、撫養長大，因此對神父向來唯命是從。

然而加西莫多綁架艾絲梅拉達的瞬間，正在巡查的國王警衛隊菲比斯出手相救，艾絲梅拉達因此對菲比斯一見鍾情。被逮捕的加西莫多遭公開懲罰，不過艾絲梅拉達仍原諒了他，此時加西莫多開始單戀艾絲梅拉達。

艾絲梅拉達與菲比斯趁著夜晚約在旅館幽會，嫉妒的孚羅洛衝進去刺了菲比斯一刀，落荒而逃。艾絲梅拉達以現行犯被逮捕，並被嚴刑逼供，要她承認自己用巫術誘惑菲比斯。敵不過酷刑的她，最終承認罪行。艾絲梅拉達要被公開處決之時，加西莫多出現救了她，逃往教堂。

中世紀的教堂是聖地，不論任何罪犯於此都不得實行逮捕。乞丐們救出艾絲梅拉達，進到教堂後，路易十一（Louis XI）驚覺苗頭不對，眼看一場暴動就要發生，因此動用了公權力，逮捕艾絲梅拉達，並將其處刑。此時孚羅洛正在欣賞艾絲梅拉達遭行刑的場面，看見此景的加西莫多勃然大怒，將他丟出教堂欄杆外。

兩年後，人們在安葬艾絲梅拉達的地下墓穴中，發現了兩具緊緊相擁的遺骨。其中一位，就是加西莫多的遺骸。

首先從時代背景講起，從中世紀西羅馬帝國滅亡到文藝復興時期，約有一千年的歷史，一四五三年，鄂圖曼帝國占領拜占庭帝國首都君士坦丁堡，東方貿易通路遭阻擋的歐洲各國，開始找尋新航線。大航海時代由此開始，以西方為主的近代世界就此形成。

該小說背景發生在一四八二年，距離哥倫布（Cristóbal Colón）抵達美洲大陸大約十年以前。從巴黎的歷史看來，正好是路易十一為獨裁王政打下基礎的時期，可說是從中世紀末跨越至近代的過渡期。雨果的作品將該時期的巴黎與市民，描繪得栩栩如生。

中世紀身分階級至此瓦解？

中世紀社會分為三個身分階級，一是負責祈禱的聖職者，二是負責戰鬥的騎士，三是負責一般工作的農奴。有趣的是，與女主角艾絲梅拉達有感情戲的三位男性，正好屬於三個不同階級。身為教堂神父的祈禱者孚羅洛，隸屬國王警衛隊的戰鬥者菲比斯，還有負責教堂工作的加西莫多。中世紀人們，一輩子都無法脫離所屬的階層，且低階者必須完全服從高階者。

但加西莫多並非如此。一開始他對孚羅洛唯命是從，後來開始違抗命令，最後甚至把恩人兼養父孚羅洛丟出教堂欄杆之外。是什麼改變了他？而作者又想透過加西莫多的變化表達什麼？

那奇醜無比的面容，既非化妝，也不是面具，而是一個人的容顏。除了那張臉以外，他的背鼓得像個大包，胸膛蜷曲，連呼吸都不著痕跡。

加西莫多因醜陋的面貌及身體的殘缺，一出生就被丟棄在教堂。奇醜無比的外貌，加上守護鐘塔的低階工作，使得加西莫多的愛情逃不過失敗的宿命。他無法讓喜歡上菲比斯的艾絲梅拉達回心轉意。他雖不像帥氣的菲比斯和四肢健全的孚羅洛，但他不是偽善者。即便心上人艾絲梅拉達被誣陷為巫女，走上刑臺，他仍堅決實踐自己的愛情，從死刑場中救回艾絲梅拉達，保護她遠離不懷好意的孚羅洛。

曾經他什麼都不懂，把養育他的孚羅洛當成恩人，唯命是從。但知道真相後，他開始反抗。因此，加西莫多丟出去的不只是孚羅洛，而是一併拋棄了中世紀的身分制度。聖職者、戰鬥者、勞動者的中世紀階層關係瞬間瓦解，一份追求純粹自我欲望的近代個人主義就此誕生。

路易十一的權利與義務

像怪物一樣的觀眾，突然像風一般跳了出去，抓住繩子，一溜煙就到了樓下。他同時打倒兩位死刑執行者，輕快地抱起艾絲梅拉達，逃往教堂。

他就是加西莫多。

「聖域！這裡是聖域！」在加西莫多的呼喊下，群眾們掌聲如雷。

在法國原版中，「聖域」的原文是「Asile」。這個單字是中世紀的「避難所」，意味著治外法權的領域。即便是殺人犯，只要進入該領域，任何公權力都無法在此逮捕犯人。中世紀西方除了教堂之外，還有很多地方也是聖域，甚至還有「時間限制」的聖域，例如舉辦慶典、市集的期間是神聖的時間，在此期間內禁止有任何衝突。

但是路易十一為了逮捕艾絲梅拉達，動用公權，派人前進聖域聖母院，該場面描繪出社會正往現代邁進的過程。在中央集權的國家統治下，聖域已不存在，取而代之的是以警察或軍人來控制時間及空間的權力。況且於現實中，路易十一有絕對義務阻止前去營救艾絲梅拉達的乞丐幫。城市能為國王帶來極大的收益，而國王除了培育城市外，阻止城內下層民眾集體暴動，也是他的義務之一。

來自社會動盪的獵巫行動

被刺殺的菲比斯，把旅館幽會歸咎給艾絲梅拉達的「巫術」。企圖把罪行推給巫女，守護自己的名譽。

但是艾絲梅拉達為何這麼容易就承認自己是巫女？艾絲梅拉達的想法是一種「常識」，因為結果既然都是要被處刑，何不在逼供之前自首，速戰速決。由此可知，當時的獵巫行動有多頻繁、嚴刑拷問有多心狠手辣了。

回到小說的時代背景——一四八二年。對主角艾絲梅拉達的迫害，並不是我們熟知的中世紀黑暗時期的獵巫行動。她遭受迫害的時間點是中世紀邁向近代初期，那是宗教改革時期。由此可知，該時期的獵巫行動並非源於宗教信仰，而是來自社會動盪。特別在政治混亂的時期，統治階層藉由獵巫行動來除掉那些想密謀造反的人們。

維克多・雨果在一八三一年七月寫下這部作品，當時法國七月革命正好結束。也許是一旁寧靜地參與了法國大革命和七月革命的聖母院啟發了他的構想，讓他寫出這本小說。死後成為一體，表面上是一場不朽的愛情，實際上反映出現代人在個人價值上的變化過程。因為在作者寫下本書的年代，有無數的加西莫多踢倒巴黎街道上的路障，更有無數的孚羅洛被扔出街道。

註1：一八〇二～一八八五年。法國浪漫主義的代表作家，代表作有《悲慘世界》（*Les Misérables*）、《鐘樓怪人》等。

History in Story

撲克牌上遺留的中世紀身分階級

前文提到中世紀社會以三個階級構成——負責祈禱的聖職者、負責戰鬥的騎士與負責一般工作的農奴。在現今的撲克牌上，我們仍可見其蹤影，也就是每張牌角落的黑桃、紅心、方塊及梅花。

黑桃是由義大利語的「劍」—— Spada 而來，即是貴族的象徵；紅心則是由「聖杯」變形而來，象徵聖職者；方塊由「貨幣」變形而成，象徵商人；最後，梅花是由「棍棒」變形而成，象徵農夫。以前的紙牌上，會在農夫的棍棒印上梅花，隨著後代傳承，棍棒被省略，只剩下梅花。

無法停止的抗戰
——法國英雄聖女貞德

弗里德里希·席勒（Johann Christoph Friedrich von Schiller）[1]
——《奧爾良的姑娘》（*Die Jungfrau von Orleans*）

奧爾良的姑娘——約瑟夫·拉扶斯（Josef Lavos）。

突然跳出世界童話名著，介紹聖女貞德（Jeanne la Pucelle）這位真實存在的人物，好似有些突兀。不過關於貞德的歷史，僅有審判的部分具有真實可信度，她其餘的人生，後人只能透過文學創作來加以推斷，而德國文豪席勒筆下的《奧爾良的姑娘》正是最具表性的文學作品。

超過百年的戰爭，助長愛國心與民主

聖女貞德是引領法國戰勝百年戰爭的著名愛國女英雄，但是這場戰爭不只打了一百年，而是從一三三七年開始，一四五三年結束，歷時一百一十六年。不過真的打了那麼久嗎？

其實，英法兩國並沒有年年都發動戰爭。根據當時封建制度的契約，騎士每年有四十天左右的從軍義務，一旦天數做滿，不論戰況如何激烈，騎士們都會回到自己的領土，因此中世紀的戰爭並非接連不斷。加上十四世紀中期鼠疫猖獗，兩國都不得不中斷戰爭。反覆開戰與休戰，戰爭期間愈拖愈長，估算下來莫約百年，因而被稱為百年戰爭。

這場百年戰爭是因為英格蘭國王愛德華三世（Edward III）侵略法國而起。法蘭西國王查理四世（Charles IV le Bel）在沒有繼承者的情況下死去，卡佩王朝（Capétiens）就此中斷。隨後他的堂哥腓力六世（Philippe VI）繼承王位，建立了瓦盧瓦王朝（Maison de Valois）。對此，法國國王的外孫——英王愛德華三世，主張自己擁有王位繼承權，從法國上岸，點燃戰爭之火。

英國以強大的軍力占領了軍事要地加萊，其後更占領了法國三分之一的領土。到此為止，是戰爭的前半期。後半期因查理六世（Charles VI le Insense）精神病發，為尋求替代者，法國境內貴族產生內亂，分裂為支持勃艮第公爵的勃艮第派（Bourguignons），以及支持奧爾良公爵的阿馬尼亞克派（Armagnacs）。

言簡意賅地說，當時法國境內被區分為三塊——英國領土、事實上獨立的勃艮第公國和法國。在法國內訌不斷之下，一四一五年英王亨利五世（Henry V）再次覬覦王位，侵略法國。當時身為法國皇太子的查理七世（Charles VII），看著北法大部分的領土都被英國及勃艮第公國占領，開始逃避現實。此時找上查理七世，引領士氣萎靡的法國軍隊擊敗英國，贏得百年戰爭的十幾歲農村少女，正是聖女貞德。

一四五三年，法國從英國手上奪回加萊以外的所有國土，百年戰爭終於結束。對於當時的統治者來說，國家領土就等於私人領地，而百年戰爭的起因，就是相互競爭的王朝間爆發了王位繼承問題。然而戰爭時間愈拉愈長，法國人民已經受夠了橫行霸道的英軍，民族意識逐漸增長。戰爭結束後，不僅削弱了參與戰爭的貴族勢力，法國國民的愛國心也因此增長。藉由百年戰爭，法國成長為中央集權的民主國家。

依個人利益而定的聖女與女巫

關於聖女貞德出生年度並沒有確切的記載，在洛林（Lorraine）附近的村莊棟雷米（Domrémy-la-Pucelle）出生的她，某天接到神的指示，要她拯救法國，因而找上查理七世。

獲得軍事指揮權的貞德，擊敗了占領奧爾良的英軍，接著為了讓查理七世舉辦加冕儀式，她奪下了漢斯（Reims）。為什麼查理七世的加冕儀式一定要在漢斯舉行？因為在法國傳統中，國王必須在漢斯大教堂進行加冕，才能成為正式的國王。其緣由來自法蘭克王國[2]的第一代王克洛維一世（Clovis I），在漢斯大教堂中受洗成為天主教徒。

在漢斯舉行的「國王塗聖油儀式」，代表國王成為被神賦予權力的人，挑戰王權不僅是犯了叛國罪，還等同犯下褻瀆罪。因此查理七世在漢斯的加冕儀式，是百年戰爭中非常重要的關鍵，他等於獲得了其他貴族無法違抗的權勢。舉行加冕儀式的查理七世，就像是沾了貞德的光。

後來貞德打了敗仗，被勃艮第軍隊俘虜轉交英軍。然而查理七世與親信們卻不認為有必要付大筆贖金救她。他們在貞德勝利時相信她是聖女，但失敗時卻開始懷疑「神的指示」的真實性。貞德最後在盧昂（Rouen）受審，一四三一年被以「女巫」罪嫌處刑，查理七世對此置之不理。

聖女貞德的罪名有下列幾種：女巫、宗教異端、偶像及惡魔崇拜、叛教、暴力煽動，甚至穿著男裝。連穿著褲子都可以作為罪名，真是荒唐至極。但我們必須體諒中世紀人們這種奇怪的審判。貞德看見幻影，聽見啟示之音，對於宗教裁判者來說並不是異端邪說，因為對當時的人而言，這是一種奇蹟，而問題的癥結點在於「啟示之音」究竟是誰的聲音？是神的聲音，還是惡魔的聲音？貞德究竟是聽到神之音的聖女，還是聽到惡魔之聲的巫女？判斷基準因人而異，說穿了，其實是因「個人利益」而異。

當聖女貞德擊退英軍時，法國人民視她為聖女，相信神派聖女下凡帶領他們戰勝敵軍。然而對戰敗的英國而言，雖然認為神明應該是站在自己這邊，但貞德妨礙神的旨意，才使他們戰敗，就是女巫無誤。

自稱「少女」的貞德，超過兩年的時間，跨越神的規則、女性的地位，成為一位「男人」，謊稱自己是上帝的使者，與天堂的聖人有交情，導致無知的百姓掉入異端思想的漩渦裡。這個女人還在戰爭中引領軍隊，犯下人類不該犯的凶殘行徑。然而上帝發揮了祂的慈悲，將這位迷途的人類交到我們手裡。彷彿是上帝正宣示著祂的靈魂，不可能住在這女人的軀殼裡。

——英國國王亨利六世

引自赫爾伯特．內特（Herbert Nette）《聖女貞德》

純潔的女人，聖女貞德證明了。當國家獨立受威脅時，法國守護神將會實現所有奇蹟。

——拿破崙一世（Napolé on Bonaparte）

引自赫爾伯特．內特《聖女貞德》

雙方人馬都認為神站在自己這邊，貞德的悲劇便由此而生。然而重點並非貞德是聖女還是女巫，又或者只是一位宗教狂熱的少女，重點是那些利用貞德奪取自身利益的人們，反過來誣陷她為女巫，使其命喪黃泉。

從聖女到滅口，無法言談的真相

然而，貞德的死卻另有原因。真正的原因出在貞德是一位出身卑賤、沒受過教育的女子。這樣的她竟敢大放厥詞，要守護從男性貴族統治者手上失去的江山，還聲稱自己跨過男性祭司主導的教會，直接與神有所接觸。

法國國王查理七世在貞德的幫忙下，登基成為名符其實的國王，奪回自己的王國。但是受到身分卑微的貞德幫忙，對他來說無非是種羞恥。對於國王來說，受到民眾歡迎、政治影響力極高，甚至被推崇為聖女的貞德，跟外患勢力英國一樣危險。於是，法國國王選擇將她丟下。

但是貞德以女巫罪被判決火刑，卻成為查理七世的政治弱點，因為他變成了一位「受女巫協助登基的國王」。因此法國軍隊奪回盧昂之後，一四五五年查理七世在巴黎聖母院宣布：英國對於貞德判決的所有罪行皆屬無效。國王是真心想恢復貞德的名譽嗎？事實並非如此，他只不過是想恢復自己的名譽罷了。

中世紀末，出現大量歐洲女性神祕主義者，聲稱自己看見了聖母或天使幻影，並聽見神的啟示。除了因此被質疑為異端分子、當成魔女進行宗教審判外，仍有一部分人被承認為聖女，而被認可的少數者大多是貴族出身、有教養的女性。沒受過教育的農村少女貞德，無法以共同語言向男性支配的傳統教會說明那段神祕的經歷。貞德無法為自己辯護，也不知道自己的言語和行為具有何種意義，更不知道它將帶來什麼後果。

貞德與教會約定，不得穿著違反《聖經》的男裝，但是進到監獄後差點受到看守強暴，為了保護自己，再次穿回男裝，而違反約定的她，因此被送上火刑臺。經過漫長時光，在一九二〇年，對貞德施以火刑的天主教會將她封為聖女。但這並不代表教會願意懺悔過錯，這次的封聖與查理七世相同，是經過政治利益盤算後的結果——羅馬教宗想修復因第三共和國[3]政教分離原則而變得尷尬的雙方關係。從貞德被處刑到恢復名譽的過程，就可以看出她「該死」的真正原因。

每個時代下死而復活的聖女貞德

聖女貞德在歷史上復活了好幾次。首先，死在火刑臺上的貞德，隨著歲月飛逝，因時代的需求與政治勢力的利害關係，被「救活」了。過程中，貞德的形象一直不斷被操作及改變。英雄在世時是危險的存在，然而死而復活的英雄卻淪為易於操控、用來維持社會體制的存在。

一八七一年，在普法戰爭[4]中戰敗的法國，將貞德作為戰鬥國家主義的象徵，境內各地紛紛打造貞德的銅像，一座可以放眼亞爾薩斯（普法戰爭後割讓給普魯士）的山丘上，便打造了一座高舉旗幟的聖女貞德騎馬像。一八七五年，巴黎金字塔廣場也興建了一座聖女貞德騎馬像，銅像前至今仍是國民前線等極右派主義分子的示威集合地點。第二次世界大戰時，在納粹統治下的魁儡政府——維琪政權（Régime de Vichy，維琪法國），在煽動德國合作與反納粹主義時，也使用了貞德作為海報主角。

不只是聖女貞德的祖國——法國，全世界都在消費她的形象。獨立戰爭中的美國，與法國百年戰爭相同，都是向英國抗戰，聖女貞德也因此出現在海報之中。貞德出生於曾經隸屬神聖羅馬帝國下的洛林，德國方面還曾出現她是德國籍的主張。明治時期（一八六八至一九一二年）的日本，為了宣揚對天皇與祖國的忠誠，特將貞德的故事收錄至教科書中。

此外，貞德也以愛國少女的形象出現於被殖民的弱勢國家中。以韓國為例，一九〇七年，韓國啟蒙運動家兼政論家張智淵透過改編的《愛國婦女傳》，介紹了聖女貞德的傳記。而我也想起前總統全斗煥執政時期，收錄在國中國語課本裡的〈三月一日的天空〉，是詩人朴斗鎮用來歌詠韓國獨立運動家柳光順與聖女貞德的詩。

死去的聖女貞德，隨著後代勢力撼動大眾的企圖，再次復活。死去的她並沒有真的死去，仍然以戰士的身分與自己曲折的形象抗戰。因此，法國作家阿納托爾・法郎士（Anatole France）說：

「少女戰士、先知、天師、看見主的天使……人們這麼看她。同時也視她為怪物。人們看見自己想看的，跟著自身形象而夢。……究竟何時人們才能承擔起真正的聖女貞德？」

——引用自赫爾伯特・內特《聖女貞德》

註1：一七五九～一八〇五年。神聖羅馬帝國時期的詩人、劇作家、哲學家和歷史學家，是啟蒙文學的代表人物。

註2：Royaume des Francs，建立於五世紀至九世紀中歐和西歐的王國，羅馬帝國滅亡後，成為中歐最重要的國家。

註3：一八七〇年至一九四〇年統治法國的政權。一九〇五年，法蘭西第三共和國制訂了政教分離法，規定政府在宗教事務上必須採取中立的態度。

註4：Franco–Prussian War，由法國發動，最後以普魯士大獲全勝、建立德意志帝國告終。

History in Story

貴族義務（Noblesse Oblige）的始祖——加萊義民

位於法國北部的加萊，一直是英法兩國歷史上重要的戰略位置。它與英國多佛（Dover）隔著多佛海峽相望，距離僅三十四公里。

加萊於百年戰爭期間（即一三四七年），經過十一個月左右的頑強抵抗，仍淪入英軍手裡。英國國王愛德華三世對加萊長時間的反抗感到憤怒不已，打算殺死所有加萊市民，此時市民代表出面向國王求情，國王卻要求加萊派出六位最富有、最具聲望的市民，將繩子綁在他們的脖子上，赤腳走向英軍陣營，並呈上象徵臣服的城市之鑰後，再接受絞刑，那麼他就會放過其他市民。

對此，加萊最富有的人聖皮埃爾（Eustache de Saint Pierre）率先出聲自願。接著市長與其他六位上流人士跟進，總共有七人自願。他們決定，隔天早上最晚到的人就被除名。令人意外的是，隔天早晨最先自願的聖皮埃爾竟沒出現。他為了避免其他人的決心有所動搖，早在家中上吊而死。其餘六人按照約定，到國王面前準備受刑，就在這瞬間，皇后從英國寄來懷孕的好消息，並為他們求情，國王因此放過他們。這就是加萊市民「貴族義務」的由來。

加萊義民——奧古斯特．羅丹。

一八九五年，加萊市為了紀念他們，請來奧古斯特．羅丹（Auguste Rodin）打造雕像——加萊義民（The Burghers of Calais）。它以青銅打造，總共有十二座。第一座作品位在加萊市廳廣場，最後一座作品則存放於首爾的羅丹美術館（原名 Rodin Gallery，二〇一一年改名為 PLATEAU，已於二〇一六年停止營運）中。

羅馬尼亞的民族英雄
——吸血鬼德古拉伯爵

布拉姆·斯托克（Bram Stoker）[1]
——《德古拉》（*Dracula*）

德古拉的原型，真實歷史人物弗拉德三世（Vlad al III-lea □epe□）——作者不詳。

〈齊舞歌〉這首韓國傳統民謠的由來，據說與萬曆朝鮮之役[2]時入侵朝鮮的日本將軍加藤清正有關。一五九二年，加藤清正在慶尚道高靈郡的「茂溪戰鬥」中遭到襲擊而逃，看到此場面的人們，痛快地大喊：「快哉啊，清正退走啦！」人們便將此句放入〈齊舞歌〉的副歌中傳唱。

加藤在萬曆朝鮮之役時進攻咸鏡道，俘虜了王子臨海君，並在「白頭大幹」[3]山上獵老虎。在韓國民間故事中，加藤總是以窮凶惡極的形象登場。當然，日本方面並沒提到加藤在韓國的行徑，而是歌頌他為勇猛忠誠的將軍，是建造熊本城的城主。

在西方，德古拉和加藤清正一樣，被形容為殘忍的領主，但是在羅馬尼亞國內，他卻是勇猛無懼對抗伊斯蘭勢力的民族英雄兼將軍。自古以來，想研究穿梭戰場的將軍評價為何，就必須同時參考我方和敵方的說法。

歷史英雄與吸血鬼傳說

德古拉是真實存在的歷史人物，是現今的羅馬尼亞、過去的瓦拉幾亞大公國領主——弗拉德三世。一般我們稱他為弗拉德三世・采佩什（Vlad the Impaler）。「采佩什」在羅馬尼亞語中是「鐵籤」或「柱子」的意思。他經常拿長鐵籤穿過俘虜或犯人的身體，施以極刑，因此得到「穿刺公弗拉德」的稱號。

而德古拉一名的由來起於其父弗拉德二世。弗拉德二世曾被匈牙利齊格蒙特國王賜予「龍」的稱號，在羅馬尼亞語中，龍叫作「德古」（Dracul），為表示他為弗拉德二世之子，又在後面加了「a」字，因而成為「德古拉」。在羅馬尼亞歷史上，德古拉是與鄂圖曼帝國勇敢抗戰的民族英雄。二十世紀後期，統治羅馬尼亞超過三十年的獨裁者尼古拉・希奧塞古（Nicolae Ceauşescu），曾在各地打造德古拉的銅像，以合理化自己的權力。

一四七六年，德古拉死於與鄂圖曼帝國的戰爭之中，屍體慘遭斬首。他的頭顱被交給伊斯坦堡（一四五三年淪陷前的君士坦丁堡）的穆罕默德二世（II. Mehmet，也被稱為征服者穆罕默德）手上。傳說中，德古拉的無首屍身被埋葬於斯納戈夫教堂，但不久後立即消失，因此產生他為不死之身的吸血鬼之說。而德古拉生前各種殘暴的行為，讓傳說更加栩栩如生。

更重要的是，羅馬尼亞語中的「龍」（Dracul），是同時具有「龍」（Dragon）與「惡魔」（Devil）之意的同音字。從不同的角度來看，他也許屬於英勇的「龍騎士團」，也或許是邪惡的「惡魔」。

實際上，鄂圖曼民眾非常害怕德古拉。有人盛傳，當年被派遣來的鄂圖曼外交代們因不將頭巾取下，德古拉就在他們的頭上釘了鐵釘。對於鄂圖曼人來說，德古拉三個字就象徵惡魔。加上十五世紀中葉，傳染病猖獗，當時的人相信，因傳染病而死的人會成為吸血鬼，因此病患死後要在其心臟部位插上樁柱後焚燒，而德古拉竟將瀕死的患者穿上鄂圖曼軍服，派他們潛入敵陣之中。

德古拉這招將傳染病患者送進敵陣的戰術，不僅是細菌戰，更達到讓對方恐懼的效果，使伊斯坦堡人不斷處在隨時會被襲擊的驚慌之中。因此德古拉的頭顱送到穆罕默德二世手上後，為了讓伊斯坦堡市民安心，還被高掛在城門前展示。由此可知，為何土耳其至今仍有許多關於德古拉的負面傳說。

另外，還有一件非常詭譎的事。為什麼德古拉是以西方基督教文化圈裡著名的魔鬼現身，而非伊斯蘭文化？他怎麼會在自己人手下成為吸血鬼？現在就讓我們打開布拉姆．斯托克的《德古拉》一探究竟吧！

維多利亞時代的吸血鬼熱潮

首先，從文化層面下手。一八九七年，布拉姆．斯托克的《德古拉》一書當中敘述，德古拉意味著「不祥的存在」。而作者又是從哪裡取材的呢？

斯托克從小就喜歡閱讀虛幻小說，所以經常閱讀吸血鬼界無人能敵的小說——《女吸血鬼・卡蜜拉》（*Carmilla*）。正在構思新小說的斯托克，找上匈牙利布達佩斯大學[4]東方語言系教授兼東歐歷史與故事專家——凡貝利（Ármin Vámbéry），講解弗拉德三世的故事。得到靈感的他，創作出「德古拉」這個角色，小說《德古拉》也大受歡迎。

不過，男主角德古拉之所以成為吸血鬼始祖，是受到許多後代話劇及電影的幫忙。特別是一九三一年美國托德・布朗寧（Tod Browning）導演，請來貝拉・盧戈西（Bela Lugosi）主演電影，他那油頭髮型、貴族西裝加上黑色披風，才創造出同時擁有東歐貴族身分兼具斯拉夫族外貌的德古拉形象。

> 英國律師強納森・哈克，收到某位想在倫敦購買不動產的伯爵聘用，隻身前往位於東歐外西凡尼亞的德古拉伯爵城堡。抵達後，哈克發現德古拉為吸血鬼的事實。
>
> 死裡逃生的他，終於設法逃回英國，然而德古拉卻早他一步抵達，並向自己的未婚妻米娜及好友露西下手。露西的追求者們找上吸血鬼獵人凡赫辛博士，處決已經成為吸血鬼的露西，並和德古拉正面交鋒。不幸地，米娜也成為受害者，博士與追求者們便計畫利用米娜捕捉德古拉。最後，他們回到外西凡尼亞城堡找到德古拉，將他處死。

英國維多利亞女王時期（Victorian Era），在布拉姆・斯托克的《德古拉》之前，早有許多吸血鬼小說。大部分的研究者認為，該現象與當時社會的雙面道德觀有關。也就是說，表面上吸血鬼小說是揚善懲惡的小說，但另一面卻是隱晦地滿足了讀者的「性趣」。

有人批評吸血鬼熱潮肇因於世紀末的墮落風潮，和浪漫主義時期（開始於十八世紀德國的藝術、文學及文化運動）留下來的異國情趣（Exoticism）有關。連波特萊爾（Charles Pierre Baudelaire）和歌德（Johann Wolfgang von Goethe）都像追流行般，將吸血鬼作為題材。但在這裡，我就不多做文學方面的分析了，因為我更想了解西方人為何討厭、害怕同為基督教且與伊斯蘭勢力搏鬥的德古拉？

從地圖上一窺德古拉的歷史據點

十五世紀，君士坦丁堡被鄂圖曼帝國攻陷後，東羅馬帝國滅亡，相鄰的歐洲各地對於迅速膨脹的伊斯蘭勢力倍感恐懼。對於西歐來說，現今的羅馬尼亞、匈牙利地區的領主，就像是防止伊斯蘭勢力侵入的防波堤一樣。德古拉主要活躍於巴爾幹半島中部地區，此地域是基督教與鄂圖曼帝國交鋒的最前線。他和其他匈牙利、羅馬尼亞的領主在此抗戰，其他西方基督教勢力因擔心戰況，也會派人運送物資。照理來說，德古拉不管再怎麼殘忍，理應都是經過敵軍加油添醋的訊息。位於遙遠的西方、作者所居住的英國，為什麼會掀起《德古拉》熱潮呢？

解答就在當地口耳相傳的德古拉傳說中。據說，德古拉除了在喀爾巴阡山脈的外西凡尼亞地區擁有城堡外，在歐洲其他地區還有另一個隱身之處，據說就位於庇里牛斯山上。庇里牛斯山位於伊比利半島，是西班牙與法國之間的天然界線，與德古拉的故鄉巴爾幹半島相隔萬里。人們對於德古拉在遠方設置隱身之處會有什麼感想呢？

先參考一下地圖。德古拉的住所——喀爾巴阡山脈，與藏身之地——庇里牛斯山脈，正好就位在過去基督教勢力與伊斯蘭教勢力的界線之上。由此看來，西方人對吸血鬼德古拉的恐懼，應該是源於歐洲人對伊斯蘭勢力根深蒂固的恐懼。

位在巴爾幹半島的喀爾巴阡山脈，歷經了基督教勢力對伊斯蘭勢力、日耳曼勢力對斯拉夫勢力的洗禮，在歷史上一直是文化對立衝突的地方。衝突與戰爭招來傳染病猖獗與大量屠殺，使得西歐與其他巴爾幹半島地區出現獨特的傳說及民間信仰。來往於羅馬尼亞北部地區的德國商人，將德古拉的傳說印刷成木版畫，開始在歐洲各地流傳。該地雖受鄂圖曼支配，卻受到伊斯蘭影響，雖為西歐人對抗鄂圖曼的共同防禦線，但戰敗後，西歐人卻不把巴爾幹半島人視為與自己相同的歐洲基督教徒。因此，傳入

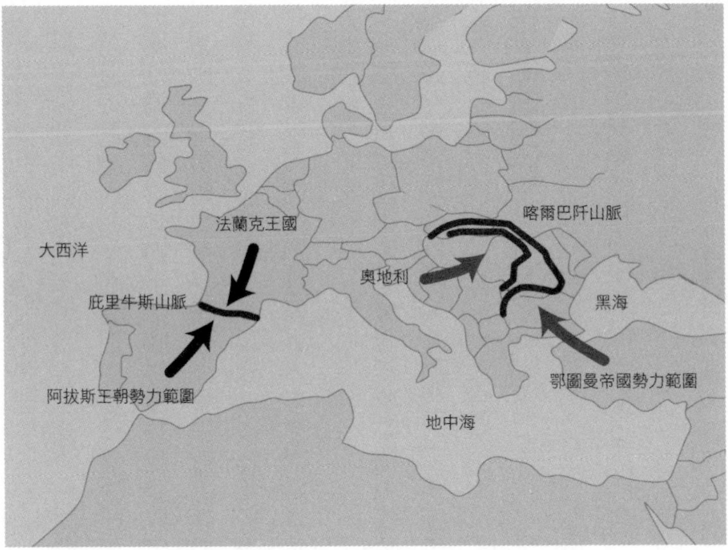

庇里牛斯山是八世紀阿拔斯王朝與法國的界線；
喀爾巴阡山脈是十六世紀鄂圖曼帝國與奧地利的界線。

西歐的德古拉故事漸漸變得更加扭曲、詭譎。

十九世紀，隨著帝國主義崛起，英國人企圖侵略開始衰落的鄂圖曼帝國。英國人將過去勇敢對抗鄂圖曼的德古拉，視為與伊斯蘭異教徒相同的惡魔。在西歐人眼裡，曾被伊斯蘭勢力統治過的所有地區，不管是基督教徒或伊斯蘭教徒，都是盲目無知且迷信的異教徒。拿破崙一世曾說：「跨過庇里牛斯山就是非洲。」西歐人認為過去曾被伊斯蘭教徒摩爾人所統治過的伊比利半島，也非常野蠻。甚至為了與其他歐洲人區分，稱伊比利半島的歐洲人為「白摩爾人」，僅因庇里牛斯山脈以南的伊比利半島曾為伊斯蘭勢力所統治。

意外的是，《德古拉》也出現了歧視伊斯蘭勢力的歐洲思想。或許如此，前往城堡抓德古拉的凡赫辛、哈克與追隨者們才自稱為「十字軍」吧！

外貌裡暗藏的恐懼與認知

我們先來看看書裡對德古拉外型的描述。

他的臉蛋細長而立體，在彎曲的鷹勾鼻上圓渾的額頭顯得突兀。……茂密的鬍子

穿刺公弗拉德三世——馬庫斯・艾亞（Markus Ayrer）。

下，有著怪異的獠牙和不易見的嘴巴，給人一種果決，不，是殘忍的印象。……奇怪的是，扁平的掌中央有一撮毛。指甲雖長，卻整理得很好，末端非常尖利。

德古拉的鷹勾鼻是猶太人的特徵，而獠牙和掌心的毛則是狼人的特徵。德古拉的外貌，充滿了長久以來西方人痛恨和恐懼的特徵。

過去基督教與伊斯蘭勢力發生衝突的地區，與吸血鬼傳說扯上關聯，而西方人排斥的人種傳統特徵也反射在德古拉的外貌上，這意味著什麼呢？這不正是表現出西方人對其他人種及文化根深蒂固的偏見、不安與害怕嗎？因不了解而害怕，因害怕而認為對方是邪惡的存在。因此，法國著名作家安德烈・馬爾羅（André Malraux）說：「德古拉，是現代創作中唯一一部神話。」而神話可以反應出擁其者「對世界的認知」。

註1：一八四七～一九一二年。出生於愛爾蘭都柏林，學生時期即投身於戲劇界，一八九七年出版了《德古拉》一書始聞名於世。

註2：一五九二至一五九八年間，日本豐臣政權與中國明朝、朝鮮國之間爆發的戰爭，朝鮮方面又稱「壬辰之亂」。

註3：指白頭山（中國人稱長白山）到智異山間一連串的山脈，在朝鮮日據時期被視為朝鮮半島的脊梁。

註4：Budapesti Tudományegyetem，於一九五〇年改名為羅蘭大學（Eötvös Loránd University）。

註5：Báthory Erzsébet，一五六〇～一六一四年。

History in Story

女版德古拉伯爵的真相

匈牙利的伯爵夫人巴托里．伊莉莎白[5]，是著名的女版德古拉伯爵。為了讓自己青春永駐，她殘殺許多少女，用她們的血來沐浴。這些殘忍至極的行為被揭穿後，她於一六一一年接受審判，被關進早已廢棄的單人監獄中。

她是夾在伊斯蘭與基督教勢力戰場中的東歐地區領主。丈夫死後，當時身為繼承人的兒子還十分年幼，她獨自掌管領地，招募傭兵繼續與鄂圖曼之間的戰爭。雖說沒有客觀的歷史材料，不能輕易斷言，但是這位伯爵夫人的嗜血故事不僅血流成河，還充滿陰謀詭計。

身為女性領主的她，不僅要對付內賊，還要與伊斯蘭外患對抗，也許因此不得已採取恐怖統治的手段。不論她是不是吸血鬼，揭穿她的罪行，讓她下臺後的實際獲利者究竟是誰？告發並目擊伯爵夫人犯罪現場的人，正是她的表兄圖爾索伯爵（Gyorgy Thurzo）。

看到這裡，大家不覺得事有蹊蹺嗎？伯爵夫人的罪名究竟是否屬實呢？

真正的騎士精神，瘋狂的唐吉訶德

塞萬提斯（Miguel de Cervantes Saavedra）[1]
——《唐吉訶德》（*Don Quijote de la Mancha*）

唐吉訶德
——葛宏德維（本名為尚．伊納斯．伊西多爾．傑哈爾 Jean Ignace Isidore Gérard）。

先說一件丟臉的事。小時候第一次看《唐吉訶德》時，以為他是「頭腦不正常、瘋掉」的訶德，殊不知「唐」（Don）在西班牙文裡是對貴族男性的尊稱[2]。不過有這種誤會的人，好像不只我一個。因為把唐吉訶德的侍從桑丘·潘薩（Sancho Panza）當成法官的人也不少[3]。在西班牙文裡「Panza」意指「鼓鼓的肚子」，因此桑丘還有個別名叫「胖子桑丘」。

追求夢想的中年冒險

《唐吉訶德》是描述沒有瘋的老人唐吉訶德，和不是法官的胖子桑丘的冒險故事。原著的篇幅極多，內容大綱如下：

> 雖然，五十歲的阿隆索·吉哈諾有著「唐」的稱號，但其實是西班牙街頭氾濫的下層貴族。他日以繼夜、焚膏繼晷的研究騎士文學，精神有些異常。
>
> 他取用故鄉拉曼查（La Mancha，阿拉伯語中乾燥之意）之名，為自己取了帥氣的稱號「唐吉訶德拉曼查」（拉曼查的唐吉訶德）。為了實踐騎士道精神，幫助老弱婦孺，他特地穿上一件陳舊不堪的古董盔甲，騎著一匹骨瘦如柴、名叫羅西南得的馬，展開

冒險旅途。

為了符合騎士文學中登場的規格，他找上鄰居農夫桑丘．潘薩當侍從，與他一同啟程。他四處尋找理想的貴夫人，卻找到一位本名叫阿爾東莎．羅任索的村姑，將她取名為杜爾西內亞，並為她的名譽而戰。經歷了一波三折的冒險，無數次的死裡逃生，其中又以將風車看成巨人而與之搏鬥的場面，以及釋放惡囚、拯救挨打的僕人，還有將羊群看成敵軍的場面最為著名。

就算沒讀過原著，「唐吉訶德」也是人人耳熟能詳的主角。在字典上甚至可以找到「唐吉訶德式行為」（Quixotism）一詞。該詞彙是用來形容像唐吉訶德一樣，為實現自己的夢想，不被現實侷限，勇敢跨出去的個性與生活態度。

作者塞萬提斯曾說，這部小說是用以諷刺當時流行的騎士文學。也許因為如此，小說中的唐吉訶德簡直是「引發眾怒的老人」。簡單來說，唐吉訶德就是幻想著已經消失的騎士道精神，活在幻覺中、只會闖禍的過時老頭。

但是最近出現很多以不同角度審視唐吉訶德的新見解，像是著名音樂劇《夢幻騎士》（*Man of la Mancha*）中，不把他視為舊時代的過時騎士，而將他描繪成不畏現實艱難，即便遇見挫折仍堅持不懈的形象。難道唐吉訶德崇高的理想終於獲得人們認可了嗎？

變質的騎士精神

過往的西方勢力和現今不同，無法影響全世界。約莫五百至六百年前的歐洲，只不過是伊斯蘭世界中的一小邊緣，而伊斯蘭勢力就像全盛時期的羅馬帝國，地中海外環都在它的支配範圍內。歐洲人的勢力範圍，只有從東邊的奧地利至西邊的西班牙以北。伊比利半島南部，也就是現在的西班牙，過去是由伊斯蘭教徒摩爾人所占領，與之對峙的天主教國家便展開了「復地運動」（Reconquista，即收復失地運動），以收回國土。

當時的伊比利半島上，有葡萄牙、卡斯提爾王國（Reino de Castilla）及亞拉岡王國（Reino de Aragón），三個天主教國家。其中亞拉岡王子斐迪南二世（Fernando II de Aragón el Católico）與卡斯提爾公主伊莎貝拉一世（Isabel I la Católica）結婚，成就了西班牙的統一。後來兩位天主教君主，收復了最後一個伊斯蘭城市格拉納達（Granada），復地運動圓滿落幕。此時是一四九二年，恰好是哥倫布抵達美國的那一年。

此後，西班牙的王位便交給了兩位君主的外孫——哈布斯堡王朝（Habsburg）的查理五世（Charles V、Carlos I，即西班牙國王卡洛斯一世）。他身為神聖羅馬帝國皇帝，統治了西班牙、德國、義大利北部、荷蘭，領土廣闊。加上他喜歡以神聖羅馬帝國皇帝的身分當基督教勢力的守護者，因而在西班牙留下戰爭與宗教狂熱的影子。查理五世統治的末期，一五四七年，作者塞萬提斯出生。

查理五世之後，腓力二世（Felipe II de España）即位，此時正是西班牙開拓殖民地的全盛時期。國王腓力二世的名字也被放進殖民地「菲律賓」的國名之中。該時期的文學作品，充分映照了當時的社會風氣，其中最暢銷的騎士文學，寫入了西班牙帝國的活躍與自信。西班牙人藉由乘風破浪、功名成就的騎士故事，達到自我滿足的效果。

但是壓榨殖民地和西班牙統治下的荷蘭毛織品產業所賺的鉅款，都只是經由西班牙流入其他地區，西班牙本國的經濟發展卻停滯不前，導致經濟嚴重傾斜。以暴力組織為例說明，英國和其他黑社會老大們，會把從殖民地壓榨而來的黑錢投資到其他產業，創造出新的利益，但只有西班牙忙著將賺到的錢花在吃喝玩樂上。終於，一五八八年，英國海軍打敗了西班牙引以為傲的無敵艦隊，西班牙兵敗如山倒。作者塞萬提斯正好活在西班牙光榮與沒落交替的時代，於一六〇五年創作了《唐吉訶德》，一六一六年辭世。

塞萬提斯生活的西班牙帝國，正是中世紀銜接近代的時期。從十四至十五世紀的百年戰爭開始，隨著長弓、大砲、槍砲的發明與中央集權國家的出現，戰爭逐漸減少。以往身為統治階層的騎士，失去了過往的聲譽及工作，漸漸開始沒落。可想而知，這群貴族戰士階層不會一夜消失。英國與法國歷經百年戰爭和玫瑰戰爭（Wars of the Roses，一四五五～一四八五年）後，貴族戰士階級自然減少。然而，西班牙因與伊斯蘭勢力戰爭連連，再加上復地運動，導致出現大量的「下層騎士」。

一四九二年，期待已久的統一終於來臨，許多西班牙騎士一夜之間成為失業人士，這意味著社會中不滿的武裝勢力不斷地在籌備暴力計畫。有鑑於此，斐迪南二世與伊莎貝拉一世以開拓殖民地為名，將他們送至非洲及南美洲。也就是說，國王和皇后將暴力輸出，騎士們成為賺取外幣的商業戰士。

當然，派出去的人們中，資產家與一般民眾的比例高過於騎士。不過這群貴族戰士與追尋財富的冒險商人和民眾不同，他們經歷了復地運動，受到騎士精神影響，不論身處何地，對他們而言，「基督教守護者」的名譽永遠是第一順位。因此，被派到國外的西班牙騎士，以上帝之名合理化他們對伊斯蘭教徒及印第安人的屠殺，實踐一種「詭異」的騎士精神，將騎士精神中「保護弱者」的重要任務拋諸腦後。

誰才是真正的騎士？

與當時下層貴族的行為相比，唐吉訶德顯得與眾不同。他雖是已沒落的舊時代騎士，但仍站在弱者一方，擁抱著守護正義的夢想。對我而言，他並不過氣。反而是那些橫跨地中海、自以為是十字軍的騎士，在北非摩洛哥濫殺無辜，才是真正思想落後的一群。為解決國家的內部問題，將問題輸出至國外，同時獲取利益，再毫無根據地掛上宗教之善名，這種情況在歷史上反覆發生。

但是唐吉訶德看著自打嘴巴的西班牙，嘗試想將其扳回正確的正義之上。他救了被主人以棍棒不當處罰的小僕人，還放走了囚犯，教訓了惡名昭彰、被稱為「路上強盜」的西班牙宗教警察。不過這種正義在君主專制及資產階級當權的時代根本行不通，他的失敗就像是命中注定一般。

儘管如此，他仍堅持自己的理想，直到最後一刻，拿著陳舊的長矛向風車迎戰。哪一邊才是實踐了真正的騎士精神？是唐吉訶德嗎？還是前往殖民地的貴族騎士們？哪一邊才是舊時代錯誤的繼承人呢？

註1：一五四七～一六一六年。西班牙詩人、小說家、劇作家，是西班牙文學史上最偉大的作家。

註2：韓語中形容腦袋瘋癲時會使用「머리가 돈다」（音似 meoliga donda）來表示，其中「돈」（don）正好與「唐」字發音相符。

註3：潘薩的發音正好與韓文法官「판사」（音似 pansa）的發音相符。

History in Story

騎士們的愛情崇拜

中世紀的騎士文學裡，總會出現崇拜貴夫人的情節。騎士們對於貴夫人的愛，並不是真實存在的愛情，比較像是一種共同擁有的「想像」。

在家門不夠富裕的情況下，除了長男可以成為繼承者外，其他年輕騎士們不但失去遇到伴侶的機會，還必須半強迫地被派到隨時可能命喪黃泉的戰場上。被冷落的他們，只能透過對貴夫人的崇拜排解憤怒。而西方「女士優先」的禮貌，也就是從中世紀騎士的貴夫人崇拜而來。

義氣、歷史、衝突
——不朽的三劍客

亞歷山大·仲馬（Alexandre Dumas）[1]

——《三劍客》（*Les Trois Mousquetaires*）

三劍客——莫里斯·勒盧瓦爾（Maurice Leloir）一八九四年插畫。

《三劍客》是一本記錄當代背景的長篇小說，雖與雨果的作品有點相似，但也許是因為登場人物們不畏艱難、勇往直前的個性，讓作品較為大眾所接受。特別是血氣方剛的年輕人達太安，為了加入火槍衛隊離開家鄉加斯科涅前往巴黎，卻因為一點衝突和三劍客們接連決鬥的場景；還有他與三劍客不謀而合，共同對付紅衣主教親衛隊的橋段，可謂是《三劍客》中的經典，確實描繪出男人間「不打不相識」的情誼。也許是角色間的打鬥與爭執，為《三劍客》添了幾分趣味，翻拍的電影與音樂劇接連不斷。

《三劍客》的劇情大綱很簡單，主角達太安與火槍衛隊隊員阿多斯、波爾托斯與阿拉密斯，一同對抗黎胥留的陰謀，幫助安妮王后（Anne d'Autriche）順利度過危機。不過這僅是兒童及青少年讀物的簡略版，完整版的原著中包含了宮廷裡的愛戀與衝突、火槍手們的過去、間諜米萊迪的苦衷，以及白金漢公爵的故事，劇情錯綜複雜。

兒時看著兒童版小說的我，心裡早有許多好奇。為什麼三劍客不是三個人，而是四個人？明明是火槍手，為何只拿刀不拿槍？為什麼要嘲笑達太安是加斯科涅的鄉巴佬？聽到此話的達太安，又為何憤恨地丟出手套？黎胥留到底為什麼如此痛恨安妮王后？這本書就像是寶箱一般，現在讓我們拿著「解鑰」，一一打開這些神祕寶箱吧！

紅衣主教黎胥留與安妮王后的歷史矛盾

先從黎胥留討厭安妮王后的原因開始著手吧！《三劍客》的背景是十七世紀初的法國，路易十三（Louis XIII）在位時。當時是父親亨利四世（Henri IV）頒布「南特敕令」（Édit de Nantes）宣布宗教自由後，基督教與法國新教胡格諾派（Huguenot）的衝突告一段落，戰爭結束之際。接手法國的路易十三正手握霸權，向外擴張殖民地，這段時間累積的成果，讓路易十四時期的法國達到君主專制的巔峰。然而該時期真正決定法國政策的人並非國王，而是基督教的紅衣主教黎胥留。

在《三劍客》中，黎胥留是用盡心機陷害王后的陰險角色，不過現實中，他並不是大壞蛋。現今的法國軍艦中仍有一艘「黎胥留號」，證明他在法國是備受尊崇的人物。如果黎胥留真的這麼壞，路易十四和安妮王后沒理由在他卸任後，又再次提拔同為紅衣主教的馬薩林打點國政。再者，當時紅衣主教成為高階官員治理國家，完全不是什麼奇怪或負面的行為，因此站在王室的立場，與其把權力交給一般貴族，交給紅衣主教才是維持王權的安全牌。直到近代以前，聖職者一直是受教育最多的菁英階層。

那麼，為什麼《三劍客》要把黎胥留變成一個壞蛋呢？路易十三的王后——奧地利的安妮，是來自哈布斯堡王朝的公主。當時法國波旁王朝（Maison de Bourbon）為了搶奪歐洲霸權，與統治奧地利的哈布斯堡王朝為互相較勁之關係。這種疙瘩讓負責內政的黎胥留只能選擇與安妮王后對立。而小說正好描述出他們之間的陰謀及矛盾。此外，作者為表現達太安等對安妮王后的忠誠，黎胥留就只能扮黑臉了。

無法使用槍的火槍手

接下來我們要揭開書名的內幕，為何主角明明是四個人，卻要叫《三劍客》？原著的開場，是成為火槍手的達太安回想過去的場景。起初他隻身前往巴黎，與火槍手們一同冒險，成為火槍手培訓生，最後終於成為真正的火槍手。所以《三劍客》的主要情節中，達太安一直都只是「準火槍手」的身分，雖然他們四人形影不離，但真正的火槍手只有三人。還有一件令人百思不得其解的事。他們明明是火槍手，為何用的是劍？《三劍客》法文原名為「Les Trois Mousquetaires」，意指攜帶鳥銃的三人。其中一點當然是因為小說中火槍手們並沒有參與正式戰爭，列陣進行遠距離射擊，而是在執行祕密任務時接近敵方採用近距離攻擊，因此他們只能使用劍，不能用槍。

況且當時的鳥銃根本無法在實戰上被廣泛應用。那時的鳥銃，就是萬曆朝鮮之役時日軍所使用的鳥銃（火繩銃、鐵砲）改良版，不僅非常重，還必須一一點上打火石才能發射，碰上下雨就無法發揮作用。在後代改良版還沒出現前，它的功能只有以其發射的聲響驚動馬匹，呼喚牠們回部隊集合。國王頒發給近衛隊的鳥銃，只是一種身分的象徵和裝飾，因此《三劍客》的火槍手們不使用槍，而是以劍搏鬥。

加斯科涅的偏見與敏感的達太安

達太安是加斯科涅地方貴族的兒子，對於別人嘲弄他為「加斯科涅鄉巴佬」非常敏感。法國大革命以前，加斯科涅是法國西南部地區的名稱，是一處只隔著庇里牛斯山和西班牙相連的區塊。有許多巴斯克人越過山脈移居於此，因此當地原本被稱為巴斯克，隨著時間演變才變成現在的加斯科涅。居住於法國中心地帶的人民認為，加斯科涅靠近西班牙，那裡的人使用特有方言與習俗，與自己並不相同，對他們抱持著衝動、盲目、虛張聲勢、鄉巴佬等偏見。因此，說到典型具有加斯科涅人性格的男人，法國人首先會聯想到達太安與西哈諾．德．貝傑拉克[2]。但是盲目的勇氣與虛榮心仍有所用途，路易十三旗下甚至還有名為「卡德加斯科涅」（Cadets de Gascogne）的親衛部隊。「卡德」（Cadet）是源自於法國加斯科涅地區的方言，中世紀後流行於全歐洲，指稱封建貴族長男以外的所有兒子。中世紀歐洲封建貴族的財產和地位都是由長男繼承，其他的兒子只能從事聖職，或在軍隊中找尋出路，雖然全歐普遍如此，不過尤以加斯科涅為最。但現在「卡德」原本的意思已經蕩然無存，而改指士官學校或警察學校的學生。

正因如此，對達太安而言，路人的微笑彷彿是汙辱，別人的一個眼神都像是挑釁；也因此，他從塔布至默恩鎮的路上，總是雙拳緊握，每天碰上刀柄不下十次。

邀請決鬥？擲出你的手套吧！

離開故鄉加斯科涅的達太安，彷彿一隻帶有劇毒的河豚，帶著忐忑的心前往巴黎，向三位火槍手連續宣戰。而西洋歷史和小說中經常出現的「決鬥」，到底是什麼？

古日耳曼族有個人恩怨私下解決的風俗。他們相信，神會幫助沒有罪的一邊，在決鬥中獲得勝利。在德國作曲家理察・華格納（Wilhelm Richard Wagner）的歌劇《羅恩格林》（*Lohengrin*）中，女人收到決鬥邀請時，可以尋找代理騎士出戰。他們會使用「冠軍」（Champion）來稱呼代理騎士。英文單字「Champion」除了有運動賽場優勝者之意，還有擁護者、代理人或戰士的意思，原因正是由此而來。

天主教教會為了防止武力對決造成社會混亂，他們在決鬥場上訂定了人道規矩，或賦予它騎士精神的美譽，企圖將其引導成正面形象。然而不論決鬥以何種形式存在，一旦猖獗，對國家都是非常負面的影響，因為國家必須掌控所有武力，才得以維持社會秩序。有鑑於此，國王下令禁止決鬥。而達太安和三劍客決鬥之事，違反了法國國王的命令，才會被抓到國王面前等候判決。到了近代，決鬥不再是為了私底下的利益，更是為了守護名譽，而在法國尤其盛行，並擴展至全歐。即便後來劍被槍所取代，決鬥仍沒有消失。特別是美國西部開發時期，槍手們間經常展開「手槍決鬥」，彼此必須遵守決鬥規則。決鬥者們會背對背，約定走幾步路後才能轉身，因此西部電影中才會經常出現不按規矩、少走一步而你爭我奪的場面。

決鬥邀請的方式十分浪漫。向對方投擲手套的行為，就是邀請的信號。只要對方撿起手套，就象徵接受挑戰。雖然文學作品中多為白布手套，然而實際上投擲的是和騎士盔甲一組的戰鬥手套。更有趣的是，國與國宣戰之時，他們也會派出使臣至對方國王面前丟擲手套。由於這種傳統，兩次世界大戰時，歐洲媒體的宣戰報導中，總會在頭版標題上寫出：「擲出手套了！」但在心愛的女人面前，手套掉落並非宣戰之意，而是求愛的表現。手套就像皮鞋一樣，可以裝載一個人的靈魂。千萬小心再小心，不要弄混了，不小心把示愛看成宣戰的話，可是會錯過與愛人共度一生的機會呢！

註1：一八〇二～一八七〇年。法國浪漫主義文豪，以《基度山恩仇記》（*Le Comte de Monte-Cristo*）、《三劍客》聞名於世。

註2：Savinien de Cyrano de Bergerac，一六一九～一六五五年。法國軍人、作家，也是一位哲學家。

History in Story

左側通行 vs. 右側通行

二〇一〇年七月一日，韓國國內突然宣布改為右側通行。可是從小到大的習慣，一時之間怎麼改得了？跟我一樣改不過來的人不在少數，有好一陣子每到人聲鼎沸的上下班時間，人們在地鐵站的樓梯上撞成一團，好不混亂。當時我忽然心有所感：「啊！我正在目擊一段歷史過程啊！」為什麼？現在就讓我們來看看右側通行背後的故事吧！

歐洲到中世紀為止，一直都是左側通行，身為武家社會的日本也是如此。這是由於劍一般均配置在左邊，為避免劍鞘碰撞，統一規定靠左通行。如此一來，右撇子才能迅速拔起佩劍。

然而劍被槍取代之後，左側通行反而變得不便。因為比劍短得多的槍，配置在右邊較為方便，但是左側通行卻會讓來往行人的佩槍互相擦撞，引起過度緊張和其他各種問題，所以隨著手槍登場，便開啟了右側通行的時代。

鍊金術造英雄
——哈利波特的成長

J.K. 羅琳（Joanne K. Rowling）[1]

——《哈利波特》（*Harry Potter*）系列

鍛鍊賢者之石的鍊金術師（The Alchemist Discovering Phosphorus）

——約瑟夫‧賴特（Joseph Wright）。

這次要看的作品《哈利波特》系列，是目前所談的故事裡最新的作品。我花了十年的歲月，等待小說發行和電影上映，曾經讀著書、看著電影留下感動的淚水。然而這套小說讓我深深著迷的原因，卻很難向那些認為它只是「兒童奇幻小說」的人說明。儘管周遭的人說我，年紀都老大不小了，還在為一本兒童奇幻小說瘋狂，不過我總會告訴他們，J.K.羅琳是一位偉大的作家，也是一位偉大的讀者。

《哈利波特》系列中，不僅有希臘羅馬神話、古代凱爾特族與日耳曼族的文化，還反映出中世紀歐洲的歷史和神祕學（Occultism），就算成年人看了也非常有趣。

這樣的解釋，還不能充分說明這部小說為什麼能夠超越文化藩籬、不論男女老少都對它如此愛不釋手。我認為它大受歡迎的原因，是故事中看似虛幻的背景下，每個事件背後隱藏的那組全人類共通的密碼，使得這部作品足以喚起所有人的共鳴。這組密碼就是「一位不成熟的孩子，在成長過程中歷經的冒險旅程」。在系列第一本《神秘的魔法石》（*Harry Potter and the Philosopher's Stone*）中，這組密碼早已表露無遺。

哈利波特和你我的成長故事

《哈利波特》是以現代英國為背景的奇幻小說，但它沒有因為「奇幻」二字，就以荒唐的魔術和惡作劇貫穿整部作品。哈利出色的能力，是從魔法師父母身上遺傳而來，但年幼失去雙親的他，是在缺乏愛的阿姨家長大。

後來進到霍格華茲魔法與巫術學院，每年都要歷經一次生死關頭的冒險。過程中，他遇到幫助自己的人，但他們最後仍離開了哈利身邊。在第五集《鳳凰會的密令》（*Harry Potter and the Order of the Phoenix*）中，他失去了天狼星．布萊克；第六集《混血王子的背叛》（*Harry Potter and the Half-Blood Prince*）中，失去了鄧不利多校長。不過最後他仍是擊敗了佛地魔（湯姆．瑞斗），拯救了朋友、學校和自己的世界，成長為一位大人。

從哈利波特的整體結構看來，作者想藉由魔法師的世界，以更有趣的方式敘述「孩子如何長大成人」的過程。少年在成長的過程中，難以接受自我，其中最大的敵人就是自我內心的黑暗面。

故事中與哈利有相同人生際遇的佛地魔，正是哈利內心黑暗的象徵。未成熟的少年，透過父母、老師和周遭大人的幫忙，一起面對成長過程中黑暗的現實。但總有一天，少年仍須成為獨當一面的大人，因此小說中哈利的父母、天狼星、鄧不利多接連離開。陷入絕望的少年，在歷經和摯愛離別的過程中努力掙扎，以尋找人生的解答。

透過對自我的信任與友情，哈利波特終究克服內心的黑暗，脫胎換骨成為一位真正的大人。他和佛地魔的對決，讓他經歷了生死離別，就像是成年禮般。

每個人都會歷經成長的過程。這本小說將重要的人生課業和解答以魔法師冒險的形式呈現，描寫得妙趣橫生，我們又怎能不對它深深著迷？比較同為孤兒卻選擇了不同道路的哈利與佛地魔，能更明確地感受到小說中想表達「克服內心黑暗，選擇正確道路」的訊息。作者透過哈利所討厭的石內卜教授，刻畫出大人愛孩子卻只能在成長過程中扮黑臉的進退兩難。當孩子能夠理解大人的瞬間，他就成熟了。因此在最後一篇故事裡，哈利諒解了平時對他極盡苛薄的石內卜。

貫通系列故事的鍊金術原理

這種「成長小說公式」的作品為數不少，但流於俗套的結構並不能說明《哈利波特》系列為何會讓全世界的讀者為之狂熱。究竟《哈利波特》獨有的「成長公式」為何呢？我認為是貫通整個故事的鍊金術原理。

先來看第一本《神秘的魔法石》，英國原版書名其實是《哲學家之石》（*Philosopher's Stone*），也稱作「賢者之石」。這顆「賢者之石」是鍊金過程中最後階段所提煉出的物質。鍊金術士們相信，這個物質不僅能讓不是金的金屬轉變為金，還可以是使人類回春、治療百病的長生不老藥。霍格華茲教科書的作者尼樂．勒梅，就是因為鍊出且服用了賢者之石，才會長生不老。其實，尼樂．勒梅是歷史上真實存在的鍊金術士。如果現在他還活著，已經超過六百歲了。

「尼樂．勒梅。」她（妙麗）用戲劇化的語氣低聲朗讀，「是目前所知魔法石的唯一製造者！」

……

「什麼的製造者？」哈利與榮恩齊聲問道。

「喔，真是的，你們看不懂字嗎？拿去——自己看，就在這兒。」

她把書推到他們面前，哈利與榮恩讀著：

古代鍊金術致力於提煉魔法石，這是一種擁有驚人力量的傳奇物質。這種石頭可以把所有金屬變成純金。此外，它也可以用來製造長生不死藥，一種可以讓飲用它的人永生不死的靈藥。

數個世紀以來，出現過許多關於魔法石的研究報告，但目前現存的唯一一顆石頭，是屬於尼樂．勒梅先生所有，他是一位著名的鍊金術士，同時也是一位歌劇愛好者。勒梅先生剛於去年歡度他的六百六十五歲生日，目前與他的妻子長春（六百五十八歲）

在得文郡過著平靜快樂的生活。

——引自《哈利波特・神秘的魔法石》（繁體中文版：皇冠出版）

一般人對鍊金術的基本認知就是這樣。鍊金術士想把不值錢的金屬鍊成金，卻是徒勞無功，反而在過程中促成了化學的發達。此外，古埃及鍊金術非常發達，後來由占領埃及的伊斯蘭勢力保存及發展，因此鹼（Alkali）、醇（Alcohol）、鍊金術（Alchemy）等化學用語前面都會加上阿拉伯語的冠詞「al」。他們認為碳能變成鑽石，金屬也能夠變成最完美的金屬——黃金。鍊金術的實驗過程中，並不是無端把金屬直接變為其他金屬，而是透過改變金屬自然形成的過程，使它達到自我完整的狀態。這些偶然被畫下的煉金過程，讓我們看見每個化學階段都象徵著人類的誕生、死亡和復活。

鍊金術也是一門研究人類靈魂成熟與變化的學問。換句話說，鍊金術的正向目標就是透過未完整體的化學變化，象徵自我試煉與成長的階段，最後達到完整的狀態。因此真正的鍊金術士稱自己為「賢者」（Philosopher），並稱那些瘋狂想鍊出黃金的鍊金術士為「Puffer」，以茲區分。「Puffer」這個單字源於當時研究室煙霧瀰漫所發出的聲音，但現在用來指稱「騙子」或「老千」，由此可知真正的鍊金術和我們腦海裡的「黃金製造術」是有所區別的。

如此看來，第一集中，哈利把可以製造出完整體金屬「黃金」的觸媒——「魔法石」放在手上時，就已經告訴大家這部系列作品的走向了。如我先前所說，這部作品是在討論哈利的成長史。該如何變化象徵哈利內心陰暗面的佛地魔，使他成為完整的人？經過鉛的考驗，變成高階黃金的鍊金術原理，不正貫穿了全系列小說嗎？被天主教視為異端的鍊金術概論中，有人認為其暗喻了基督的苦難、死亡與復活，而在《哈利波特》最後一集，被佛地魔殺死的哈利再次復活，然後將其打敗，贏得最後的勝利，似乎也與鍊金術概論有些神似吧！

神話故事已過時，英雄該如何改變？

少年長大成為誠實無私的大人，是古今中外英雄小說的必備情節。我們稱其為「英雄傳記公式」。韓國啟明大學趙東一教授的《韓國小說理論》，提到約有下列幾項原則：英雄擁有高貴的血統；在非正常的情況下懷胎生育；擁有過人的特殊才能；年幼被遺棄，經歷過生死關頭；透過養育者或恩人的幫忙擺脫危機；長大後又再次面臨難關；再次克服，並且贏得勝利。以上情節公式，不論東西方，從古代神話至古典小說，再到近代故事，皆可套用。

但是，因曙光照耀懷孕而生出蛋[2]、父親是奧林帕斯十二神之一、英雄將大海一分為二或搭著筋斗雲出現……這些情節都已說服不了活在科學世代的讀者了，況且世界上已經沒有任何未開發的理想國度等著英雄去開創。在「神話故事」已經過時的現代，人們半信半疑選擇了非英雄的凡人擔當領袖，那麼英雄神話的公式該如何改變？

在《哈利波特》系列和其他奇幻小說中，仍可看見英雄神話的蹤跡。兒時死裡逃生的哈利，擁有與眾不同的能力，雖然是孤兒，但遇上海格、天狼星和鄧不利多等貴人。進到霍格華茲後，每年都必須力克危機，在最後的對決中死而復活，成為最終的勝利者。幾乎和「英雄傳記公式」不謀而合。

《哈利波特》系列中的成長小說公式與鍊金術原理，正好與英雄神話的基本公式一脈相承。孩子成長為理想中的大人，就如同神話故事主角成為英雄般，至此英雄故事不再侷限於遙遠的神和英雄了。

神話的出現，是為了告訴人們如何在有限的生命裡活出價值與意義，而故事裡努力奮戰的英雄，間接在告訴平凡的我們，如何解決生活上的難題。他們經歷的生死交關，意味著我們必須拋棄過去錯誤的自己，覺醒後重生為完整的人。祖先喜愛英雄故事的遺傳因子，仍遺留在我們每一個細胞裡。不過，現代已經不是神與英雄的時代，而是「人類的世代」。

英雄的另一個自我

「長大以後一定不可以變成那樣！」下定決心的年輕人們，大部分老了之後，都會變成自己曾經討厭的大人。由此看來，我們不就是無法成為英雄而變成怪物的例子嗎？和英雄對決的壞人，通常是英雄的另一個自我；也就是說，現在的怪物，大部分曾經都是英雄。

即便哈利有天成為父親，親手將兒子送上霍格華茲特快車，我們大概也難以看見他叫孩子「相信自己的選擇」。因為哈利不會是沉溺於以往成就的過時英雄，而是一位擔心兒子的父親、正直的大人和真正的英雄。

守著哈利將近十年的我，成長了嗎？那些與《哈利波特》一起走過動盪時期的孩子，有受到哈利的成長而有所改變嗎？如何把鉛變成黃金的鍊金術，至今仍無人知曉，但我們的人生「試煉」不斷，現在的你成為黃金了嗎？或者依舊是鉛呢？

註1：一九六五年出生於英國，以代表作《哈利波特》躍上英國有史以來最暢銷的作家，亦是英國最具影響力的女性之一。

註2：例如傳說中高句麗的開國國君——朱蒙，是從柳花被陽光照射後生下的蛋裡出生的。

History in Story

為什麼哈利波特要在槲寄生（Mistletoe）下獻出初吻？

我們先從凱爾特人的歷史、神話、宗教下手吧！因為在哈利波特的魔法世界中，包含了很多凱爾特族的文化。

凱爾特族直到盎格魯 - 撒克遜人出現以前，一直居住於作者的母國——英國。凱爾特族原以發達的鐵器文化統治歐洲，但是西元前一世紀凱撒宣布高盧（現在的法國，拉丁語中凱爾特族之地的意思）和不列顛尼亞（英格蘭地區）納入羅馬統治之下，當地因而羅馬化。因此凱爾特族的習俗與語言，主要留存於愛爾蘭、蘇格蘭和英國西南部地區，而非歐洲大陸。

凱爾特神話的一大特點，就是大量出現的魔法、魔法師和精靈，例如《亞瑟王傳奇》中有魔法師梅林，還有《阿斯泰利克斯歷險記》（*Astérix le Gaulois*）中，阿斯泰利克斯喝下祭司調製的魔法藥水，把羅馬軍人狠狠打飛。魔法、魔法師和魔法藥水貫穿了整部《哈利波特》系列，就像是凱爾特族的遺產。

凱爾特人的宗教是德魯伊教（Druidism），其名稱是由他們的祭司德魯伊（Druid）延伸而來。霍格華茲學生們收集的魔法師集卡中，其中一位初代魔法師叫「德魯伊斯」（Druids），很明顯地就是取自於此。祭司被分為七個階層，每個階層使用不同的拐杖，如同凱爾特傳說中的魔杖，而貴族德魯伊是負責祭祀、教育、審判、占卜、預言、醫療等工作。

當然《哈利波特》中，魔杖也扮演了非常重要的角色。德魯伊教認為寄生於橡樹上的槲寄生十分神聖，槲寄生與橡樹的連結，意味著肉體與靈魂的連結。

至今西方國家在聖誕節仍用槲寄生樹枝來做裝飾，他們認為在槲寄生下接吻，意味著幸福和長壽，因此戀人們喜歡在槲寄生下親吻。這就是《鳳凰會的密令》中，哈利與張秋在槲寄生下獻出初吻的原因。

羅馬帝國軍隊和基督教徒聯手鎮壓德魯伊教，破壞他們的教堂，並原地興建基督教教堂，但德魯伊教和凱爾特文化仍不斷出現於歐洲故事及奇幻小說當中。不僅如此，歐洲人的民間風俗也深受其影響。

舉例來說，凱爾特族的新年是從十一月一日開始，他們新年的慶典就是現在的萬聖節。因此基督教慶祝的萬聖節其實是「萬聖節前夕」（Halloween，萬聖夜），人們會穿著異教徒魔法師的服裝四處晃悠。

第三部

從故事中萌芽的革命，與現代呼應的歷史

美麗又批判的殘酷紅舞鞋

安徒生（Hans Christian Andersen）

——《紅舞鞋》（*The Red Shoes*）

紅舞鞋——安妮·安德森（Anne Anderson）。

幾年前，我因太過勞累而發高燒，臥病在床。奇怪的是，我腦海中總是隱約浮現上下班必經的鞋店陳列架上那雙紅皮鞋，好似穿了那雙鞋，我的病就可以痊癒。結果我穿上厚重的衣物，連滾帶爬地去把那雙鞋買回家。當然，我的高燒並沒有因此消退，一個禮拜後才終於痊癒。當時我為什麼會有穿上紅鞋就會痊癒的想法呢？究竟紅鞋隱藏著什麼意義？這次，就讓我們來看安徒生的《紅舞鞋》吧！

殘忍至極的童話

不知是否受到早年貧困的影響，安徒生童話總是充滿許多悲傷又殘忍的場面，其中數一數二殘忍的情節就是《紅舞鞋》了。淌血的腳踝下穿著紅舞鞋，舞過我眼前！簡直把兒時的我嚇壞了，連晚上上廁所都要摸摸自己的腳踝。也許是受到這則故事影響，長大後每當買的不是黑色皮鞋時，我都會猶豫。這篇殘忍的故事內容如下：

卡蓮穿著紅鞋參加媽媽的喪禮，因為她除了小紅鞋之外，沒有其他的鞋了。途中，一位富有的老奶奶因為同情卡蓮的際遇而收養了她。幾年後，長大的卡蓮欺騙了老奶奶，買了一雙紅鞋準備在受洗時穿。就算人們議論紛紛，她仍堅持穿著紅鞋出席教會。

她在禮拜時忘記唱聖歌，心裡不斷想著小紅鞋。甚至連生病的老奶奶都不顧，穿著小紅鞋去參加化裝舞會。結果卡蓮遭到天使的懲罰，只能穿著小紅鞋不停跳舞，連恩人奶奶的葬禮都沒能參加。卡蓮就這樣跳到一間屋前，裡面住著一位劊子手，她請求劊子手砍斷她的腳踝。然而穿著紅舞鞋的腳踝，就算被砍斷了仍不斷地跳著舞，一路跳進森林中。雖然失去腳踝的卡蓮終於獲得自由，但是，每當她想去教會時，這雙紅舞鞋總會跳出來阻擋她的去路。嚇壞的卡蓮，為了贖罪，到牧師家做義工。很久以後，天使終於出現在改過自新的卡蓮面前，寬恕她的罪過。

宗教改革與樸實虔誠的清教徒

喜歡穿著小紅鞋跳舞是犯了什麼大罪嗎？穿著紅鞋參加葬禮的確不應該，但有需要如此殘忍嗎？鞋子就是鞋子，是不是紅色又怎樣？許多人都有這樣的質疑。我以前也覺得這部分有些詭異，因為當時我還不懂清教徒嚴格的倫理和歐洲宗教改革的歷史。

一五一七年，德國神學家馬丁．路德（Martin Luther），因反對付錢就可以免除罪過的「贖罪券」，發布了《九十五條論綱》（Ninety-five Theses）。該提綱是路德以拯救信仰的信念著手寫成，透過印刷術，迅速傳開消息，因而得到不少支持者。天主教教會因此逐出路德，然而德國各地，從諸侯到民間，路德的支持者卻不斷增長。

支持路德的諸侯們，在一五二九年的帝國會議中，向天主教皇帝查理五世提出抗議。此後新教徒被稱為「Protestant」，意為「抗議者」。直到一五五五年，路德主義才終於在《奧格斯堡和約》（Augsburger Reichs- und Religionsfrieden）被正式認可，並以德國為中心，擴散至丹麥、挪威及瑞典。安徒生的故鄉——丹麥，有百分之八十的基督教徒都為路德主義的新教徒。瑞士宗教改革家喀爾文（Jean Calvin），雖受到路德宗教改革的影響，但對部分天主教傳統仍非常抗拒。喀爾文選出長老、減少禮拜，並禁止任何儀式、禮服、神像、花窗玻璃等。另外，他想將宗教原理也套用在政治、經濟、社會、文化和私生活上。最能表現喀爾文主義特質的就是「預選說」，他認為人類被救贖與否，上帝早已決定，因此人應該相信並尊崇上帝決定的命運，為自己負責。

此外，喀爾文還強調日常生活中的勤勉與嚴格禁慾。他所強調的勤勉，為日後歐洲西北部地區的工商發展帶來極大的貢獻。喀爾文主義遍布各地，有蘇格蘭的長老宗（Presbyterians，其教會稱為長老教會）、荷蘭的丐軍（Geuzen）、法國的胡格諾派（Huguenot）、英國的清教徒等。一六〇二年，一〇二位英國清教徒為追尋宗教自由，搭乘五月花號（Mayflower）前往美洲大陸。

北歐宗教改革後，教堂裝飾變得簡樸，並開始批判天主教奢侈、享樂、頹廢的風氣。但天主教教會仍堅持當時的民眾大多為文盲，為了便於他們理解教理和天堂的榮景，教會有必要放上華麗的裝飾和神像。再者，原先就信仰天主教的南歐人，和積極參與宗教改革、居住在阿爾卑斯山後方的西北歐日耳曼族人，在取向和民族性上多少都有些差異。例如，天主教中紅色並非放縱和奢侈的象徵，而是代表樞機的顏色。

宗教改革後，在西北歐、英國與美國，新教社會嚴謹禁慾的風氣開始占有一席之地，因此該時期從宗教角度上來看，不只是跳舞、喝酒，連去劇場看戲都是罪大惡極。這種嚴格的教旨主義在現代幾乎已不復存在，不過據說在荷蘭，仍存在著五、六十萬名遵守黑西裝、黑絲襪、黑皮鞋教旨的喀爾文主義信徒。由此可知，《紅舞鞋》中穿著紅色皮鞋的卡蓮是犯了什麼滔天大罪。

紅鞋子背後的涵義

為什麼作者一定要用「鞋子」當主題？而且是一雙「紅色的鞋子」？人與大地就隔著一雙鞋，鞋子裝載了人，可以說一雙鞋子象徵這個人是屬於「哪一種人」。韓國有句俗語說：「裝在砂鍋的是大醬，裝在盅裡的是醬油。」因此王子用玻璃鞋尋找灰姑娘，而忒修斯（Theseus）則用皮鞋來尋父。女人們為何對高跟鞋如此愛不釋手？高跟鞋久穿不僅帶來不適，也不具實用性。所以女人絕不是因為方便才穿高跟鞋，而是因為想擁有電影女主角般理想浪漫的人生。鞋子能夠顯示出人類的存在與欲望。

再來，紅色可以說是「萬色之王」。即便世界上所有顏色都消失，紅色也一定會繼續存在。顏色的英文單字「Color」，是從語源「紅色」之意而來，例如美國擁有紅色峽谷的科羅拉多河（Colorado River），從「Colorado」（紅色的）就可望文生義。化學顏料被發明以前，染成紅色的物品都非常昂貴，紅色因而成為富有的象徵。此外，紅色是血液的顏色，象徵熱情與欲望、生命與性的歡愉，因此被視為解放的色彩。

即便是二十一世紀的現在，如果穿紅色高跟鞋上班，仍會引來眾人側目，所以在那個年代，社會根本無法接受像卡蓮這樣勇於追求自我欲望的年輕少女。

再者，卡蓮是貧窮的孤兒。還記得女王出巡時，卡蓮非常羨慕穿著紅色皮鞋的小公主嗎？而她所羨慕的僅止於那雙紅色皮鞋而已嗎？她羨慕的應該是可以追求自我欲望的「公主身分」吧！如果是這樣，那麼卡蓮就是個危險人物。一個貧窮孤兒出身的女孩，膽敢懷抱成為「公主」的想望，簡直是全民公敵。

> 表情莊嚴的天使，手持一把閃爍的光劍說：「妳必須穿著紅舞鞋不斷跳舞。跳到妳臉色發白、身體發冷為止！跳到妳筋疲力竭、變成白骨為止！妳必須跳著舞，經過

所有人的家門前！妳要跳到那些驕傲虛榮的孩子家中，敲他們的門！讓他們聽到妳前來的聲音，害怕妳！跳舞吧！跳到不能跳為止！一直跳舞吧！」

「求求你放過我，饒了我吧！」卡蓮大聲呼喊求饒。

但是卡蓮聽不到天使的回應，就已經跟著紅舞鞋越過藩籬，跳到遠處去了。

下定決心悔改的卡蓮，每當要去教會，血淋淋的腳踝就會阻擋她的去路，這場景實在令人毛骨悚然。讓人深刻體會到嚴格規範統治下的封閉社會，一旦犯了錯就必須長期落人口實。卡蓮的存在讓團體更具向心力，人們一起對她擲石子、喊口號，強化認同感。為了達到這種效果，卡蓮斷腳下的那雙紅舞鞋還是得不停登場，不是嗎？

禁慾的基督教徒，一般被稱為「清教徒取向」，這與不滿英國國教會（Church of England，或譯英格蘭教會）改革、堅持要淨化教會的喀爾文主義者被稱為「清教徒」有關。因為清教徒的清，是清淨的「清」，所以長大後的我又有了一個新的疑問，不符合他們「清淨」的標準，就是「骯髒混濁」的嗎？這個標準是由誰來定呢？

我是一個喜歡紅色高跟鞋的不良大嬸。對於只有單一基準的社會、沒有敗部復活賽的社會、無法接受浪子回頭的社會、對弱勢和少數族群極為苛刻的社會，倍感恐懼。天啊！貧窮的孤兒——卡蓮，當時該有多害怕？

History in Story

不斷跳舞才能痊癒？

數世紀以來，「蜘蛛舞蹈症」經常集體發病於義大利的普利亞地區。該疾病是因被「狼蛛」（亦稱塔蘭圖拉蛛，Tarantula）咬過而發病，據說被毒蜘蛛咬後極度興奮的患者們，必須聚集在街上或市集，隨著音樂不眠不休跳個幾天幾夜才能痊癒。

研究發現，該病主要發生於某個地區，該地區繼承了基督教傳入前類似戴歐尼修斯（Dionysus）崇拜的古代異教徒習俗，屬於一種神經疾病。舞蹈症的患者會驅逐穿著黑衣的人，手持紅色布巾，跳著舞，就好像紅舞鞋的故事般，似乎某個程度上抵抗著基督教嚴苛的教義。

暗藏諷刺封建政治的
王子與乞丐

馬克·吐溫（Mark Twain）[1]

——《乞丐王子》（*The Prince and the Pauper*，又譯為王子與乞丐）

乞丐王子——梅里爾（Merrill, Frank Thayer）。

終於輪到這則故事了！我的王子與乞丐，該從何說起好呢？小時候對這本書充滿了疑問，但是現在重新翻開書頁，當時的困惑就像逐漸變少的頁數般迎刃而解。

暗藏偉大政治訊息的冒險小說

馬克·吐溫是一位著名冒險小說家，例如《湯姆歷險記》（*The Adventures of Tom Sawyer*）和《頑童流浪記》（*Adventures of Huckleberry Finn*）都是廣為人知的作品。許多人以為這本書只是變成乞丐的王子冒險故事，但其實這本小說是涵蓋偉大政治訊息的先進歷史小說。

直到國中上了世界史，才讓我第一次了解這本小說的時代背景。當時上到英國宗教改革和君主專制的單元，我才恍然大悟，原來王子就來自該時期。小說中的王子是愛德華六世（**Edward VI**），國王則是亨利八世，而且他的公主姊姊瑪麗一世、伊麗莎白一世，以及珍·葛雷（**Lady Jane Grey**，在位只有九天），都是歷史上實際存在的女王！這部驚為天人的小說內容大略如下：

貧民湯姆·康第（Tom Canty）和愛德華王子（Prince Edward），是同年、同月、同日在倫敦出生的孩子。貧窮的湯姆在爸爸的強迫下出門乞討，非常羨慕王子愛德華可以從神父身上學習拉丁語，飽讀詩書。

某天湯姆跑到宮殿，想一探究竟，卻被守衛狠狠揍了一頓。一旁的王子非常同情湯姆，便把他帶回自己的房間一起聊天。兩人赫然發現彼此長得極為相似，便交換了身上所穿的衣服。後來王子忘了此事，穿著湯姆的衣服走了出去。被誤認為乞丐的王子，就這麼被趕出皇宮。

其後，王子不僅挨了湯姆父親一陣棍打，還差點死於自稱為天使的修道院院長刀下。但他並沒有忘記自己王子的身分，每當遇見貧困的農民、冤枉的罪人，他就告訴自己回去一定要痛改前非。後來騎士邁爾斯．亨登答應保護王子，一起同行。而另一方面，留在宮中的湯姆曾向大家解釋自己不是真正的王子，但沒有人相信。他認分地做好王子的本分，而且做得非常好。但就在此時亨利八世駕崩，湯姆即將成為新任國王。

幸好在加冕儀式當天，王子和邁爾斯．亨登戲劇性地趕到，向大家解釋，愛德華終於恢復身分。變成國王的愛德華六世，命令湯姆為基督教幼兒園院長，並封邁爾斯．亨登為肯特伯爵，還廢除惡法，遵守了乞丐時期對自我的承諾，成為一位偉大的國王。

問題根源來自宗教

故事中沒落的修道院老人，為何聽到王子的父親是亨利八世，就對王子大打出手，想要了他的命？亨利八世究竟做錯了什麼？其實，這些都與英國宗教改革關聯至深。

「你知道亨利八世就是讓我活不下去、讓我餓死街頭的人吧？」

但是王子沒有任何回應。

……

老人又開始磨起了刀，一邊自言自語地說：「就是你那該死的父親，害我如此落魄；就是你那該死的父親，把我給毀了；就是你那該死的父親，讓我無法當上教皇！」

這位老人顯然是過去天主教教會的高層聖職者，因為亨利八世實施宗教改革，讓他失去了職位與財產，變得窮途落魄。透過修道院的老人，我們可以看見當時英國天主教信徒對宗教改革的反抗。

王子死裡逃生回到宮殿，成為亨利八世後繼任的愛德華六世。事實上，他的結局並非如小說般幸福圓滿，身體虛弱的他，繼位六年，年約十六歲就駕崩了。但為什麼繼位者不是第一順位的姊姊瑪麗一世，而是亨利七世的曾孫女珍．葛雷呢？除了國王身邊的紳士貴族和珍．葛雷家族的強迫之外，最根源的問題就是宗教。瑪麗是天主教徒，珍則是國教會教徒。這段冗長但著名的故事，就要從亨利八世的六名妻子開始說起了。

亨利八世與六名妻子

亨利八世與六名妻子的故事，家喻戶曉。亨利八世的第一位皇后是西班牙虔誠的天主教徒——公主凱薩琳（Catherine of Aragon）。他們婚後生下的第一位公主就是瑪麗。不過其後，凱薩琳並沒有生出任何王子，加上亨利八世與她的侍女安妮．博林（Anne Boleyn）陷入熱戀，決定與凱薩琳離婚。

但是，天主教並不承認「離婚」。不管亨利八世如何用盡心機，行不通就是行不通。再加上凱薩琳恰巧是羅馬教廷背後最大的勢力，也就是掌控奧地利、西班牙、荷蘭等歐洲大陸地區的神聖羅馬帝國皇帝查理五世（卡洛斯一世）的小阿姨。凱薩琳的父母則是統一西班牙的天主教君主斐迪南二世和伊莎貝拉一世。

疲於爭取教廷承認的亨利八世，宣布與教皇脫離關係，並強迫英國坎特伯里大主教（Archbishop of Canterbury）宣布他與凱薩琳的婚姻無效後，和安妮結婚。他獨自創立新教教會，也就是英國國教會，命令自己為其領導人。第二次婚姻生下的公主，就是日後創立大英帝國的伊麗莎白一世。

伊麗莎白出生後，安妮不斷流產，生不出王子的她，最終被國王冠上罪名處刑而死。其後亨利八世又與珍．西摩（Jane Seymour）開始第三段婚姻，才終於生出故事的主角——愛德華王子，但是皇后在生產不久後即去世。

亨利八世又與克里維斯公國的公主安妮（Anne of Cleves）展開第四段婚姻。這次的婚姻，是為了對抗天主教國家西班牙，而與新教國家聯姻的政治婚姻。但是國王卻因不滿安妮的外貌，又再度離婚。第五位皇后是僅有十幾歲的少女——凱薩琳．霍華德（Catherine Howard），她最後仍遭到國王以通姦罪處決。第六位皇后則是凱薩琳．帕爾（Catherine Parr），比國王長壽，國王死後另有再婚。

都鐸王朝的信仰、婚姻與宗教政策

以上是都鐸王朝一百一十八年的歷史，至今仍是許多電影、戲劇、小說的熱門題材。例如電影《安妮的一千日》（*Anne Of the Thousand Days*）、《美人心機》（*The Other Boleyn Girl*），美國戲劇《都鐸王朝》（*The Tudors*），大眾文學方面則以艾莉森．

威爾[2]和菲莉帕·葛列格里[3]的作品最為著名。

不過現代的改編版，大部分著重於六位皇后的生活，這點較為可惜。當時的女性沒有選擇人生和愛情的機會，為了國家和家族，她們就像棋盤上的棋子，只能為此犧牲。將她們的人生當作茶餘飯後的話題，而不討論她們的歷史定位，有些不公平。

我們必須透過這些皇后，才能更輕易地了解英國宗教改革的過程。第一、第二、第三任皇后的信仰，正好都影響了她們的子女瑪麗一世、伊麗莎白一世和愛德華六世的宗教政策。

我的姊姊伊麗莎白公主現在十四歲，還有表姊[4]珍·葛雷和我同年，她不僅面容姣好，感情也非常豐富。最大的姊姊瑪麗公主，她總是不苟言笑。你的姊姊也認為對臣子微笑是一種罪嗎？所以一點也不笑嗎？

瑪麗受到母親凱薩琳皇后影響，認為「笑」也是一種罪過，是非常嚴謹的天主教徒。英國新教派的貴族們，擔心天主教徒瑪麗登基後，宗教改革將回到原點，國家會陷入混亂。因此，他們對愛德華施壓，要他發布珍·葛雷為繼任者的宣言。但是瑪麗並沒有坐以待斃，她將即位僅有九天的珍·葛雷處死，登基成為女王。

果不其然，瑪麗登基後天主教重新復活，她開始替媽媽報仇，因此有了一個別稱——「血腥瑪麗」（Bloody Mary），也就是雞尾酒的名稱。

瑪麗一世死後，由伊麗莎白一世接任。皇后安妮．博林為新教派，女兒伊麗莎白一世繼任後，並延續父親亨利八世的政策，確立英國國教會的地位，實施重商主義（Mercantilism，目標是極盡全力使國家富足與強盛）政策。此外，她擊退了西班牙艦隊，為大英帝國打下基礎。伊麗莎白一世利用婚事與鄰國進行外交利益的拉扯，因此她終生未婚，都鐸王朝在她身上劃下句點。

與教廷分化、離婚後生下兒子、為了王朝盡心盡力的亨利八世，六次引發騷動的婚姻，最後仍以絕後拉下布幕。亨利八世六次畸形的婚姻，其實是有理可循的。父親亨利七世結束了三十年的內戰——玫瑰戰爭，好不容易成立都鐸王朝，亨利八世擔心王朝將結束在自己手上，也害怕自己死後王國將再次陷入混亂。

但重點是，他的婚姻確實為英國帶來宗教改革。英國議會在一五三四年通過《至尊法案》（*Acts of Supremacy*），規定英國國教會最高領袖即是英國唯一的國王。英國國教會，不僅從羅馬天主教教會中脫離，完成宗教獨立，在政治上也完成了獨立。

英國因此從歐洲各國間的宗教戰爭中倖免，早日投身於國家發展。亨利八世的宗教改革，除了方便自己的離婚與再婚，還能從天主教教會和修道院奪取許多財產，為國家財政「增肥」，獲得不少實質利益。因此《乞丐王子》中，沒落的修道院中那位自稱為大天使的老人，聽到愛德華是亨利八世之子才急於復仇。

伊麗莎白女王死後，亨利七世的玄孫輩、兼任蘇格蘭與英格蘭國王的詹姆士六世和一世（James I and James VI）即位，開始了新的斯圖亞特王朝（The House of Stuart）。斯圖亞特王朝的詹姆士一世和查爾斯一世（Charles I）身為天主教徒，不僅打壓英國支持喀爾文主義的清教徒，更無視英國議會政治的傳統，實行獨裁政治，為日後奧立佛·克倫威爾（Oliver Cromwell）主導的清教徒革命（Puritan Revolution，也就是英國內戰）埋下導火線。

都鐸王朝結束後，英國的宗教改革仍在繼續進行。透過《乞丐王子》可以充分了解英國國教會的成立和都鐸王朝的歷史，是一部非常引人入勝的歷史小說。

美國作家筆下諷刺的英國社會

《乞丐王子》的故事背景發生於十六世紀中的英國，而作者馬克·吐溫卻是居住在從英國底下獨立百年的新興國家——美國，而且是在十九世紀末完成這本書。現在，讓我們繼續探討這部作品吧！

美國獨立初期，不過是大西洋沿岸幾個州的聯邦政府。他們趕走居住在美國大陸的原住民，透過與法國和其他國家的土地買賣，擴張領土。十九世紀末，美國與墨西哥爆發戰爭，領土擴大後，美國的雛形就此形成。

南北戰爭結束，成為工業第一大國的美國，開始從歐洲的自卑感中脫離，並認為民主公民的制度優於歐洲傳統的貴族制度，散發出自我優越感。作者馬克·吐溫當然也有該時代的精神，他想透過「王子與侍從」的故事主題，大大諷刺封建制度的問題所在。

「陛下，您忘了我嗎？我是替陛下挨打的那個孩子啊！」

……

「我犯的錯，怎麼會由你來挨打呢？」湯姆驚訝地說。

「陛下您果然不記得了嗎？老師在陛下犯錯的時候，總是由我來挨打啊！我的工作就是負責挨打，領取報酬。」

這是《乞丐王子》中，替王子挨打的孩子出場的場景。事實上，英國王子讀書偷懶或犯錯時，都會有一位替他挨打的孩子（Whipping Boy）。不管王子做錯什麼，因君權神授說（Divine right of kings，為了鞏固自己的權力而指自己是神在人間的代表），家教老師和養育者怎麼膽敢以教鞭管教國王的子女。雖然國王可以處罰自己的子女，但王子不聽勸或對父王以外的人無禮，卻無人能管教，因此出現了這個制度。

現實中代替挨打的不是《乞丐王子》裡的貧窮少年，而是上流社會的孩子。他們是宮裡與王子一起長大、一起上學的青梅竹馬，因此當「代罪羔羊」挨打時，王子才會感到罪惡，努力改正錯誤。大部分挨打的少年與王子的感情都非常好，查爾斯一世成為國王後，從沒忘記替他挨打的威廉·穆雷（William Murray），據說還將他封為伯爵。美國是沒有國王和貴族的共和國，身為美國市民的作者，讓挨打少年出場，透過湯姆的聲音諷刺封建主義身分制度的矛盾。

此外，馬克·吐溫想透過變成乞丐的王子，用他的雙眼告發這些貧苦民眾所受的委屈及酷刑。例如被誣陷為巫女而處刑的冤獄，因圈地運動失去耕地而身無分文去乞討卻被刖耳的農民，或因小罪被滾水和汽油潑灑的酷刑等。

但是作者讓兩位少年換衣服的用意為何？沒有血緣關係的兩人有可能如此神似嗎？即便是貧窮的湯姆穿上王袍，也能夠處理好王政？或許作者是想告訴讀者：不管是王子還是乞丐，人並沒有貧富貴賤的區別。

變成王子的湯姆，曾經受虐的經歷，使他非常了解弱者的立場；穿上乞丐裝冒險歸來的王子，因體驗過社會底層的生活，而能理解百姓的立場。

作者想強調的並非身分、財產、衣著等價值的象徵，而是想表達體會他人的痛苦、具有同理心意識的純粹正義感。高麗武臣政權時期，曾是掌權者崔忠獻奴僕的萬積說過：「王侯將相的血統並非與生俱來，待時機一到，任何人都可以當上（王侯將相）。」與此如出一轍。

但是馬克・吐溫並非一味讚揚美國民主主義的優越性。二十世紀初，剛結束西部開發的美國抵達太平洋，企圖成為新興的海洋帝國。馬克在該時期積極參與美國國內反帝國主義運動。

一九〇一至一九一〇年，在他辭世以前一直擔任「反帝國主義聯盟」的副議長。他反對美國與西班牙在一八九八年的戰事、反對戰勝的美國接手西班牙殖民地菲律賓，甚至發表文章譴責美國虐殺菲律賓原住民。看著作者的生平，我想，像他這種超越祖國利益的言論與行動，才足以被稱為真正的知識分子吧！

都鐸王朝的歷史和馬克・吐溫所處的時代歷史，讓我們了解到《乞丐王子》絕對不僅是一本簡單的兒童探險小說，這部作品是一位「真正的知識分子」筆下的諷刺小說。別再把這部作品看作「身世之謎」，或是「謊稱有錢人、行詐騙之實」這種八點檔狗血劇情了，王子和湯姆可是會難過的！

註1：一八三五～一九一〇年。美國作家、演說家。

註2：Alison Weir，英國都鐸王朝專家，擅長將英國皇家歷史寫成膾炙人口的讀物，是英國最暢銷的歷史作家之一。

註3：Philippa Gregory，英國歷史學家和小說家，有多部關於都鐸王朝的作品，其中二〇〇二年出版的《美人心機》榮獲帕克年度愛情小說獎，並改編成電視、電影。

註4：實際上應為堂侄關係，因英文原文使用「Cousin」，所以直接翻譯成「表姊」。

History in Story

羊會吃人嗎？

圈地運動是擁有莊園的領主或富有的農民，在經濟耕地附近購買農田，並設置柵欄，作為畜養羊群之地。比起雇用佃農，畜養羊群可以創造更多利益，因此許多地主爭先恐後參與圈地運動。

當時英國正處毛織業發達時期，對羊毛的需求大幅增長。地主們為了飼養羊隻，將耕地改種牧草，甚至趕走農民、圈起公有地，造成佃農們流離失所。無可奈何的農民，為了生活開始犯罪。圈地運動引起的社會問題愈演愈烈，一四八九年英國議會明文禁止圈地運動，但沒有嚴格執行。

因此，一五一六年，湯瑪斯．摩爾（Sir Thomas More）在著作《烏托邦》（*Utopia*）中曾批判「羊群在吃掉農民」（亨利八世成立國教會時，湯瑪斯．摩爾不認同國王即是教會領導人，於一五三五年以叛國罪被處死）。

看小公子西迪
化解英國與美國的偏見

法蘭西絲·霍森·柏納特（Frances Eliza Hodgson Burnett）[1]
——《小公子》（*Little Lord Fauntleroy*，又譯為小公子西迪）

小公子——雷金納德·巴瑟斯特·伯齊（Reginald Bathurst Birch）。

長大後重新閱讀童話，可以發現兒時無法理解的樂趣，《小公子》便是其一。

西迪在爸爸過世後，與媽媽兩人獨自在紐約生活。某一天，住在英國道林柯特城堡的爺爺，突然派了一位律師，表示西迪是繼承者方特洛伊勳爵，強行將他帶走。

原來，西迪的爸爸是道林柯特伯爵的第三個兒子，他不滿兒子與美籍女傭結婚，因而和他斷絕來往。但是伯爵的其他兒子在還未有子嗣的情況下夭折，於是伯爵只好找上西迪。伯爵性格固執又古怪，是一位心胸狹隘的領主，周遭的人都很討厭他。雖然他把西迪母子接來英國，卻因痛恨自己的媳婦，只把西迪接進城堡，拒媳婦於門外。不過西迪卻慢慢改變了他，為了維持在西迪面前的形象，他甚至做了不少善舉。

後來卻傳出西迪是假勳爵的消息，不過西迪透過美國的擦鞋匠好友狄克和雜貨店大叔霍布斯的幫忙，順利度過危機。後來道林柯特伯爵回心轉意，把媳婦接進城堡。原本十分痛恨貴族及英國的雜貨店大叔，意外地與伯爵成為摯友後，長居於英國。

小時候，我不懂伯爵為什麼如此討厭西迪天使般的母親，但長大再看一次後，我突然驚覺故事裡「怎麼會有這麼可愛的男孩們」！這裡的「男孩」指的不是西迪，而是英國的伯爵爺爺和美國的雜貨店叔叔。他們真的太可愛了！

文化偏見帶來的誤解

我就先從他們倆開始說起吧！首先是英國的伯爵爺爺。

「我從以前就聽說了，美國人都是不懂禮儀的人！」

「美國人就是這麼愚蠢，把這個當成早熟、說成自由，真讓人不悅！一群不懂禮義廉恥的笨蛋。」

「真是貪心的狐狸精！我一點都不想見什麼美國女人！」

「這就是美國的獨立精神嗎？我不想看到她在我家門前像個乞丐一樣待著！看在她是孩子母親的份上，拿錢讓她收下吧！」

上述是爺爺的偏見。連人都沒見過，就亂罵一通。接下來是美國大叔的嗆聲。

霍布斯湊巧看見倫敦報紙上英國皇宮舉辦婚禮的照片，他非常氣憤。

「他們就會搞這些花樣，總有一天他們會得到教訓。被欺壓的民眾會站出來，把他們逐出天際！伯爵、公爵算什麼東西啊！」

這本小說從一八八五年開始連載，至一八八六年出版。上述的皇宮婚禮，推測是維多利亞女王（Queen Victoria）的長子、也是後任國王愛德華七世（Edward VII）於一八六三年舉辦的婚禮。不管是王族還是平民的婚禮，不但不給予祝福，還詛咒別人「一無所有」，可以看出霍布斯有多麼討厭英國與王室貴族。

小時候我以為壞人只有伯爵爺爺，長大之後發現美國大叔也不是泛泛之輩。他們不願理解他人的文化，堅持自我主張，根本就是典型的「老番顛」。我並不是想隨意批評長者，只是在形容「年紀大了，變得頑固，只懂固守成見，完全不與周遭人交流的長者」。但是，小公子西迪怎麼會不討厭這兩個固執的老頭呢？

英國與美國的愛恨情仇

為什麼伯爵爺爺與美國大叔要互相批評彼此的國家？問題就出在美國曾被英國殖民。他們不像日本、韓國，是完全不同的民族。英國移民者所建設的殖民地，怎麼會與本國發生如此嚴重的衝突，甚至引發戰爭？

在記載美國獨立戰爭的歷史書籍中，形容這場戰事是源於本國對殖民地無底線的壓榨，迫使居民為了自由而起義。美國方面的領導人士，被形容為不受英國欺壓、懷抱民主主義高貴理想的革命人士，但其實這只是美國因歷史極短，需要建國神話，才塑造出的形象。韓國經歷過美軍執政和韓戰，因此對美國的一般印象仍維持於此。

美國反抗英國，建立民主主義的共和國，對該時期獨裁專制的歐洲造成了極大的影響。大部分國家以「獨立戰爭」來稱呼這段美國開國史，而美國自己則以「獨立革命」稱之，從這裡就可以看出美國對自己的歷史定位。建立民主共和國，沒有所謂腐敗的王權和貴族，是美國人最引以為傲的部分。

然而美國的獨立革命，並不是只有「獨立革命」如此單純。獨立革命初期，歷史上記載的一七七三年「波士頓傾茶事件」（Boston Tea Party，亦稱波士頓茶會事件），並非僅因紅茶的高關稅，引來殖民地貧困民眾的不滿。事實上，是因為英國政府為了填補英國東印度公司的資金漏洞，壟斷北美地區的茶葉販賣權，剝奪了茶葉帶給殖民地進口商的龐大利益，才使得他們群起反彈。

為了向英國抗議而招開北美殖民者大陸會議，代表人幾乎都是富有的上流社會人士，其中更有三分之一已經坐擁殖民政府的高位官階。他們害怕英國的壓榨會使殖民地的失業狀況和貧困問題加劇，擔心窮人暴動將影響他們的財產問題。表面上，獨立宣言倡言「所有人生而平等」，然而實質上的「所有人」，並不包含印第安人、黑人奴隸和女性。獨立革命的領導者們，想要守護的其實是白人男性的生命、自由與財產。

再舉另一個例子。大家在歷史課上都學過，法國大革命高舉著「自由、平等、博愛」的旗幟，數以萬計的民眾在戰爭中喪命，不過這場革命，其實是守護了資產階級的利益。唯獨美國革命至今看來仍是一場為了自由、正義而戰的浪漫革命。再往這段近代神話般的歷史中一探究竟，便會發現這場革命的起因，可以說是英國貴族與資本家和美國新興菁英與資本家間的利益拉扯。

也正因如此，《小公子》才會讓長大的我愈看愈有趣。水火不容的英國貴族和美國雜貨商，彷彿美國獨立戰爭裡各自出戰的代表選手，一場「英國貴族資產家」與「美國新興資產家」的世紀對決。他們恰巧和英美一樣年紀有別；假方特洛伊風波過後，伯爵改過自新，接受媳婦，逐漸與美國人愈走愈近的一幕，好比是第一、二次世界大戰變為盟友關係的英國與美國。

結局中，霍布斯叔叔雜貨店的生意因道林柯特城堡的訂單變得繁忙，也彷彿現今英國與美國在國際社會中互助的關係，使得這本小說更加意味深長。

「我成為伯爵後有件重要的事得做，就是要成為好的伯爵，不可以當壞伯爵。如果英國又要跟美國打仗，我會站出來阻止他們。」小西迪說。

待懂得「換位思考」的新世代成長，過去的歷史大門將會關上。作者從小在英國出生，十六歲移民美國，親身體會過兩國不同的民族性與情感，因此誕生了《小公子》這本書。

事實上，該書出版之際，在美國和英國皆大受歡迎，成功撫慰了獨立戰爭結束後兩國對彼此的反感與不滿。就如同書中的西迪，在兩個國家成長，理解兩國的不同後，成為爺爺與霍布斯叔叔的中間橋梁。但是對我來說，比起至頭至尾乖巧善良、行為端正、可愛卻不夠讓人印象深刻的西迪，兩位年長者的心理變化更讓我回味無窮。

霍布斯喜歡上了貴族的生活。要與「小」朋友方特洛伊分別，他非常傷心。最後決定賣掉美國的店面，移民到英國再開一間。因為與道林柯特城堡的交易，生意蒸蒸日上，與道林柯特伯爵的關係也變得更好了。霍布斯反而變得比伯爵更像貴族，每天閱讀宮廷傳來的信息，也不放過上議院的每一個消息。

年事稍長還是能開闊心胸接受變化的男人，真是帥慘了！

註1：一八四九～一九二四年。英裔美籍作家，以童話故事聞名於世，著有《祕密花園》（*The Secret Garden*）等。

History in Story

美國的公主——美金公主

西迪的伯爵爺爺，根本不把沒有傳統美德的美國放在眼裡——沒有王族和貴族，理所當然也沒有公主。不過，美國其實有一位公主，叫做「美金公主」。

十九世紀末，少數美國人透過淘金潮與股票投資致富。他們為了買不到的「貴族血統」，讓子女與歐洲貴族通婚。歐洲有一部分貴族，在商業化時代中沒有成功轉型為資本家，因經濟狀況每況愈下，開始流行與有大把「嫁妝」的美國新娘結婚。特別是無法繼承家產的二兒子，父母會為他們尋找穿金戴銀的美國女繼承人。當時，約有一百多名美國暴發戶的女兒嫁去英國，她們被稱為「美金公主」。

美金公主的首席代表，非股票暴發戶倫納德．傑羅姆（Leonard Jerome）的二女兒珍妮．傑羅姆（Jennie Jerome）莫屬。她嫁進了英國數一數二的邱吉爾世家，其與丈夫生下的兒子，即為第二次世界大戰的英國首相溫斯頓．邱吉爾（Sir Winston Leonard Spencer Churchill）。

深陷巴士底監獄的莎拉公主

法蘭西絲·霍森·柏納特（Frances Eliza Hodgson Burnett）

——《小公主》（*A Little Princess*，又譯為小公主莎拉）

莎拉（Sara Crewe）分給貧窮的女孩一塊麵包。

《小公主》是《小公子》作者柏納特的另一部著作，也是小時候每個孩子必讀的世界名著之一。這部作品和《小公子》不同，內容與美國、英國歷史毫無關聯，著墨於私立女校的法文課、莎拉讀的法國歷史書、莎拉的印度鄰居與莎拉爸爸在印度的故事，主要以法國和印度的內容為主。

其中最引人入勝的地方，是十九世紀英國統治下的印度，以及歷史書上提及的法國大革命。

在歷史中看見跨越障礙的智慧

在印度出生的莎拉．克璐是英國萊福．克璐大尉的女兒。從小失去媽媽的莎拉，住在英國一間女子寄宿學校，因為母親是法國人，莎拉的法文非常好，對法國歷史也十分感興趣。

聰明的莎拉非常受歡迎，但她從不驕傲且富有正義感，因此她和學校的女傭蓓琪、笨笨的亞門加德、賴皮鬼洛蒂都很要好。但是後來父親離世，加上礦業投資失敗破產，使得莎拉失去了寄宿學校的特殊待遇。沒有任何親戚可以依靠的莎拉成為學校的女傭，受到惡毒的校長虐待。

但是莎拉並沒有因此感到自卑，還把自己比喻為被關在巴士底監獄的女王，度過各種艱難時刻。即便自己都吃不飽了，她仍然把僅有的六塊麵包，分出五個給貧窮的少女，讓她更像是一位「真正的公主」。後來父親的朋友找到了莎拉，把父親的財產還給她，莎拉又變回從前那位幸福快樂的小公主了。

這本小說有千百種理由感動讀者，但對我來說，其中少女藉著歷史書籍獲得成長的過程，最得我心。這本書讓人們清楚地知道，讀歷史書可以帶來多少正面的影響。莎拉被趕上閣樓飢寒交迫，每天必須忍受別人的冷嘲熱諷，她把以前讀過的歷史故事化為力量，幫助自己度過最煎熬的時光。

每當她以為自己是世界上最孤獨、最辛苦的人，歷史書總能讓她知道，世界上曾有一群人克服了比她現在更艱難的處境。幫助她走出悲觀，看見問題的癥結，思考如何利用智慧跨越眼前的障礙。

亞門加德想起莎拉當時講得口沫橫飛的法國大革命，這麼有趣的故事他還是第一次聽到。莎拉的眼睛閃爍著光芒，抱著膝蓋，滔滔不絕。

「想像自己是歷史人物，生活就會突然變得很有趣！我就是巴士底監獄的犯人，被關在這裡好些年頭，關到所有人都忘了我。敏欽校長就是獄長，蓓琪是……」

莎拉眼神中的光芒變了。

「蓓琪是隔壁的獄友。就當作是這樣吧，會讓我心裡好受一點。」

「巴士底監獄」背後的意義

被趕上閣樓變成傭人的莎拉，把自己比喻為「巴士底監獄的犯人」。巴士底監獄背後的意義到底為何？

巴士底監獄是法國大革命的象徵。法國大革命是典型的民間革命，將國王處死，並建立共和國，為了追求自由與平等，如戲劇般地嘗試過無數的政治體制。這場革命雖源於王室的財政危機，但實質上，法國社會身分制度的矛盾才是掀起革命的根本原因。有些人認為，國王為解決財務問題，在一七八九年五月舉行的三級會議，是革命爆發的起點；但大部分學者認為，攻占巴士底監獄才是革命的始發點。後來，法國政府將七月十四日訂定為「巴士底日」，也就是法國國慶日，以此作為紀念。

巴士底城池原本是用以保護巴黎東邊的城牆，在一三八二年被改為國事犯或政治犯的收容所。這裡關過鐵面人（L'Homme au Masque de Fer，實際上是戴著黑色天鵝絨製成的面具）、伏爾泰（Voltaire）、薩德侯爵（Donatien Alphonse François Sade）等著名人物。

法國大革命爆發當時，巴士底監獄裡只有七名罪犯，而且都不是叛國罪犯。憤怒的民眾為了取得監獄裡的大砲，因而占領巴士底監獄。除此之外，巴士底監獄也象徵法國國王的所有權力，因此攻陷巴士底監獄，對法國大革命來說具有極為重大的意義。

當時巴黎雖有另一間巴黎古監獄，不過巴士底監獄裡關了許多不服權力的罪犯，以及不是罪犯的知識分子，因此莎拉才把自己比喻為巴士底監獄的犯人。她認為敏欽校長把無罪的她趕上閣樓，當成免費的女傭使喚，還老是讓她飢腸轆轆，是非常不當的行為。她想像自己是巴士底監獄的犯人，懷抱堅定的信念，一定要從這裡出去。大概是歷史上反抗國王與貴族不當剝削的革命史，促使她湧現反抗的信念。

成為落難皇后的莎拉

「即便衣衫襤褸，真正的公主，永遠都是公主。穿著華麗衣裳被當成公主，沒什麼大不了。在無人理睬時，還能在心裡維持公主的風度，才真正令人敬佩。瑪麗・安東妮皇后被趕出皇宮，關進監獄，換上破舊的黑色衣裳，頭髮變得斑白，所有人都嘲笑她是『卡佩遺孀』。不過她卻比身為皇后時更像皇后、更加穩重，甚至在面對絞刑時，依然落落大方。」

這些想法早已藏在莎拉心裡，每當遇到挫折時，她就以此安慰自己。

瑪麗．安東妮是路易十六的皇后。法國大革命之時，她在路易十六處決後也被送上斷頭臺。她被形容為不知羞恥、鋪張奢華，是導致王室財政出現赤字的法國革命原罪之一。為了保護自己和王室的安危，她從奧地利調派軍隊到法國，因此還犯了叛國罪。

她是法國競爭對手之一的奧地利公主，法國人民把對奧地利的反感，和革命期間激昂的反王室情緒，都發洩在這位遠嫁來法國的皇后上，她所做的一切錯誤都被放大檢視。

舉例來說，對飢寒交迫的民眾說：「沒有麵包就吃蛋糕吧！」其實，這句眾所熟知的話並非出自瑪麗．安東妮之口，在她成為法國皇后的二十年前，這句話就曾出現於盧梭（Jean-Jacques Rousseau）的著作之中。時間點完全不符。

據說這句話其實是出自路易十四的夫人——瑪麗-泰蕾茲（Marie-Thérèse）口中。連先任皇后所犯的錯，都加諸在瑪麗．安東妮之上，可見法國革命當時民眾對她反感之深。

一七九三年十月十六日被送上刑場的瑪麗・安東妮，
出自畫家賈克 - 路易・大衛（Jacques-Louis David）之手的素描作品。
其最大的亮點，是送上斷頭臺前剪得極短的頭髮。該圖目前被收藏於羅浮宮博物館。

路易十六被處死後，瑪麗・安東妮立即失去皇后的身分，成了「卡佩（波旁王朝的祖系王朝）遺孀」。根據歷史上的記載，被處刑前的那段期間，她的沉著穩重讓眾人感到驚訝，與她先前的形象完全不同。

將自己比喻成落難皇后瑪麗・安東妮，可見莎拉的「公主病」還真不輕。但是此處的「公主病」不全是負面的，莎拉的公主病不是養尊處優、使喚別人，也不是穿著時尚、目中無人的公主病，而是即便自己成為貧窮的女傭，仍時時照顧比自己更辛苦、更挨餓受凍的孩子，把僅有的麵包分享出去，這才是真正的「公主病」。閱讀歷史讓莎拉養成了公主病，對想透過故事分享歷史的我而言，《小公主》這本書格外特別。

History in Story

莎拉的英國寄宿學校

英國寄宿學校的歷史悠長，例如著名的伊頓公學（Eton College），早於十四世紀就已建校。傳統英國貴族會請家教老師，或將子女送到修道院下的神學院就學。因此，為培養菁英聖職人員為目標的神學院，另外開設了附屬學校，招收一般學生（General Public）。不過昂貴的學費，使得學校一點也不大眾化。英國稱名門私立寄宿大學為「Public School」的原因就是由此而來（若把Public School翻成公立大學的話，就大錯特錯了）。

一八七〇年，英國制定了教育法，開始設立公立學校，目的是教導一般下層民眾的子女實用的職業技能。因此，貴族子女與工業革命後經濟狀況較佳的中上層人士子女，主要仍就讀私立寄宿學校居多。現今的英國首相及其他領導者幾乎都是畢業於私立寄宿學校。

貴族和企業家讓子女在寄宿學校接受教育，其實是有所考量的。表面上是為了基本教育問題，讓他們離開保姆及傭人，培養自我獨立的能力；實際上是因為頻繁的社交及商業活動，父母必須經常離家，才將子女送至寄宿學校。因此工業革命後，寄宿學校的發展更加蓬勃。隨著全國鐵路的發達，還有父母特別打聽學校聲譽，不惜大老遠把子女送去就讀（例如《哈利波特》中出現的霍格華茲特快列車）。

維多利亞女王時期（一八三七～一九〇一年），大英帝國國力達到巔峰之際，寄宿學校的需求量也隨之達到巔峰。在殖民地工作的外交官、高級管理層，或東印度公司的員工們，待兒女成長為學齡階段時，就將他們送回英國接受教育，毫無選擇權的孩子們只能住在寄宿學校。莎拉的爸爸也是在印度就職，所以把莎拉送回母國的敏欽女子學校。

小說《簡．愛》（*Jane Eyre*）中，女主角簡就讀的羅伍德（Lowood）學校，也是寄宿學校之一，但是它屬於慈善學校，是為了教導貧民階層的孩子讀書、寫字、宗教教義、裁縫、編織等而成立的職業訓練學校，與莎拉和邱吉爾首相的寄宿學校完全不同。

革命、路障與下水道交織的悲慘世界

維克多·雨果（Victor Marie Hugo）
——《悲慘世界》（*Les Misérables*）

尚萬強（Jean Valjean）——居斯塔夫·布里恩（Gustave Brion）。

維克多．雨果的作品風格一向沉重，比起主角的故事背景，更著墨於時代背景。《悲慘世界》對於一八一五年滑鐵盧戰役（Bataille de Waterloo），以及主人翁利用巴黎下水道逃脫戰場的故事著墨甚多。

有些人以為《孤星淚》是《悲慘世界》的另一部作品，但其實是《悲慘世界》的兒童版大多以《孤星淚》作為書名。有句冷笑話說：「看完了《孤星淚》，但看不完《悲慘世界》。」現在聽起來好像也無不妥。當時我讀完了童話版，不懂人們為什麼要分成兩派，也不懂尚萬強救出馬留斯時怎能從下水道逃走。真是讓我百思不得其解。

悲慘的人們與耀眼的人性

尚萬強為了飢餓的姪子們偷了一塊麵包，遭到判刑收監。加上屢次逃獄，好不容易熬過共十九年的牢獄生活，此時尚萬強心中對世界充滿了忿忿不平。出獄後遭眾人嫌惡的他，前去偷竊主教米里艾的銀餐具，途中卻被警察逮個正著。米里艾主教卻向警察謊稱銀器是自己送尚萬強的禮物，被感動的尚萬強決定痛改前非，重新做人。

他改名為馬德蘭，在蒙特勒伊的小城鎮成功經營了一間工廠。聲望極高的他，不久之後就躍升為市長。就在此時，有一個人因為被誤認為是尚萬強，而遭判終身監禁。

內心極為愧疚的他，出來表明自己的身分，於是再次進了監獄。

然而，尚萬強曾答應工廠女工芳汀，要在她死後照顧她的女兒珂賽特。為了履行承諾，他逃獄了，並把珂賽特從貪婪無厭的泰納第夫婦手上救出。珂賽特叫尚萬強爸爸，他因此感到幸福。

為了逃避警察賈維爾的追捕，父女倆的生活始終無法安定。一八三〇年，為抗爭保皇黨，七月革命就此爆發。在兩年後的某次混亂中，賈維爾因尚萬強的幫忙而順利逃過死劫，但是賈維爾卻敵不過內心的衝突，因而自殺。珂賽特的戀人馬留斯在戰場前線負傷，尚萬強背著他經過巴黎下水道，躲過保皇黨的追擊，救了他。後來馬留斯與珂賽特有情人終成眷屬，尚萬強把財產留給這對新婚夫婦，並揭露自己的身世，最後辭世。

法國原文「Les Misérables」，是「可憐之人」的意思。雨果書中的內容與題目一脈相通，以溫和的角度敘述十九世紀法國民眾不幸的生活。一位禽獸不如的人類，受到米里艾主教的感召而痛改前非，不管看幾次都仍扣人心弦。

面對冤家路窄的賈維爾，仍釋出人間溫情的尚萬強，再加上馬留斯一群年輕人追求自由理想的熱血行動，都是如此動人心魄。作者維克多・雨果因反對拿破崙三世

（Napoléon III）稱帝，被迫流亡至英國耿西島（Guernsey），十九年間的思鄉情懷為這部作品更添動人之處。事實上，雨果的葬禮是以「國葬」的方式進行，從中可以看出法國人民對他的尊敬。

以路障唱出人民的權利

這本分量十足的小說，故事時間從一八一五年滑鐵盧事件，跨越到一八三〇的七月革命，再到兩年後的一八三二年反皇權運動，共十七年。

拿破崙在滑鐵盧戰爭中戰敗，被流放至聖赫倫那島（Saint Helena）。其後登基的路易十八（Louis XVIII），是慘遭處刑的路易十六的弟弟，法國又再次進入王權統治時期。重新奪回權力的波旁王朝國王們，包括後續繼位的查理十世（Charles X）在內，企圖與克萊門斯・梅特涅（Klemens Wenzel von Metternich，奧地利政治家）聯手維持歐洲的世襲君主制度，被稱為「維也納體系」的反動政策隨之出現。不但限制市民選舉權，更鉅額補償革命中失去土地的貴族，該時期的歷史完全倒退回一七八九年法國大革命以前。

查理十世強行侵略阿爾及利亞，並於一八三〇年七月宣布解散國會。對此民眾群起反抗，在巴黎市內設置路障，掀起一波激烈的巷戰。最後國王被推翻，具有庶民形象的路易-菲利普一世（Louis-Philippe I）登基成為新任國王，史稱七月革命。

但是，身為共和主義和勞動者的群眾對路易-菲利普一世感到不滿，趁著一八三二年霍亂猖獗之時，站出來維護人權，並且在讓・馬克西米利安・拉馬克（Jean Maximilien Lamarque）將軍舉行葬禮的同時，發動反王權示威。巴黎市內再次排滿路障，展開一連串的巷戰。尚萬強救出與保皇黨發生衝突而負傷的馬留斯，以及放走被共和派人民軍俘虜的賈維爾，都發生於該時期。

因此，小說中敘述的法國革命期間巷戰，正確來說並非發生於一七八九年的法國大革命，而是七月革命後一八三二年發生於巴黎的反王權巷戰。《悲慘世界》具體描繪出法國革命的倉促與莊嚴，更寫出革命與反革命的激浪中，充滿人間的互愛精神。

雨果曾說：「藝術是美麗的。為了進步而創作的藝術，會更美麗。」這本書可說是涵蓋了他的世界觀及人生觀的巨作。這部小說原著，與只著重於米里艾主教一事的兒童版《孤星淚》，可謂是相差甚遠。

走進巴黎下水道，重回悲慘世界

超越歷史與世代，充滿動人情節的《悲慘世界》，即便已經發行超過一百五十年，至今作品裡出現的地方仍是法國的熱門觀光景點，例如尚萬強待過的土倫監獄、偷走米里艾主教銀器的迪涅教堂、救出珂賽特的蒙費梅伊泰納第小酒館、救出馬留斯的巴黎下水道等，其中最吸引我的，就屬巴黎的下水道了。下面是引用兒童全集內《悲慘世界》所收錄的下水道內容。

他發現前方幾步路程，有一扇通往地下的門，因先前的衝突，那扇門被打破了一個大洞。尚萬強扳起那扇變成鐵窗的門，把馬留斯背在肩上，往下走去。所幸地下並不像水井般深不見底，他再次把鐵門關上。現在的他在一個地下道中。

這裡就是巴黎市內的下水道。地面上槍戰的聲響仍隱約傳進他的耳裡。不過馬留斯就像死了般，毫無反應。

下水道裡漆黑一片，伸手不見五指。……下水道的通道還算寬敞，尚萬強為了避免身體泡進水裡，花了不少力氣。

下水道是跟著平面道路而建，但當時巴黎下水道約有兩千兩百條岔路，總長約四十四公里，尚萬強對方向簡直毫無頭緒。

歐洲當時並沒有廁所，人們將排泄物直接傾倒在街道或河川之中，排泄物透過下水道流入大河中，受汙染的水又直接被使用，因此整個城市都暴露在傳染病的威脅之中。

十四世紀中葉鼠疫猖獗，歐洲各國漸漸開始注意下水道的問題，但以巴黎來說，一六〇六年興建的下水道，至一八〇二年洪災後才開始打算整頓，直到一八三二年霍亂迅速蔓延，造成一萬八千人死亡，當局才痛定思痛，正式大力整頓，將廢水集中，排放至人煙稀少的地區，霍亂及傷寒（由細菌引起之腸道傳染病）等水源傳染性疾病才因而大幅減少。

因此工業革命前、下水道尚未完全整頓時，人均壽命僅有四十歲，直到下水道整治完全後，人均壽命便急速上升。二十世紀後，人均壽命約增加三十五歲，其中三十歲是下水道整治的貢獻。

《悲慘世界》把當時巴黎下水道描述得淋漓盡致，至今仍是巴黎市的考證材料之一。巴黎下水道博物館的其中一樣展示品，就是《悲慘世界》。下水道的牆上不僅貼了《悲慘世界》中下水道場景的插畫，遊客們還可以直接參觀尚萬強帶馬留斯逃走的

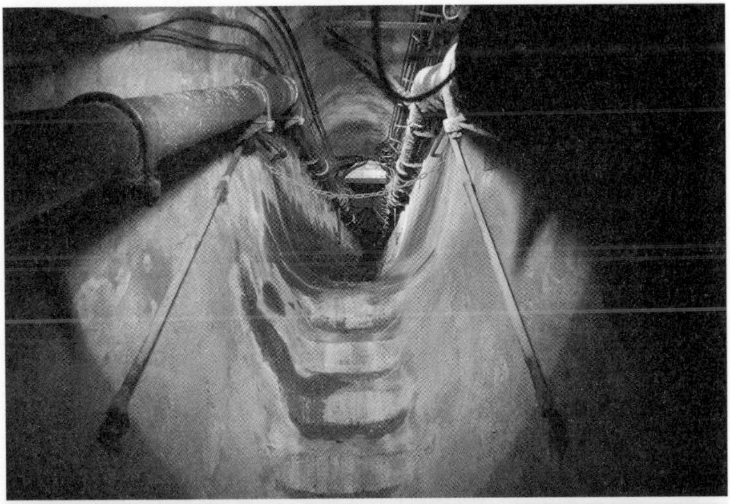

巴黎下水道博物館。

下水道。

現在巴黎下水道總長約兩千三百公里，是從巴黎到伊斯坦堡的距離，長度非常可觀。第二次世界大戰，德軍占領巴黎時，市民抵抗軍為避開敵人耳目，經常利用下水道行動。下水道的每個岔路，都會標上平面道路的路名，因此就算位於下水道，也可以大致掌握路面的位置及方向。

每當閱讀完一本好書或看完一部電影，都會激起我想參觀著名場景的欲望，不過至今仍沒有機會到巴黎下水道走一遭。如果有機會的話，我一定找朋友同行。如此一來，才能完整重現尚萬強背著馬留斯走在下水道的場景，一石二鳥。

History in Story

拿破崙三世憂患下的巴黎

巴黎現在的樣貌是由拿破崙三世和奧斯曼（Baron Georges-Eugène Haussmann）聯手打造而成。拿破崙的姪子拿破崙三世，在一八五二年委託奧斯曼男爵進行城市規畫，將巴黎街弄改造為條條大路。

名義上是想要改善巴黎市容，不過背後的原因是來自拿破崙三世的憂患。他成為皇帝以前，就經歷過革命中爆發的巴黎巷戰。掌權後的拿破崙三世，決定重新改造容易堆積路障的窄巷和不規則的道路，便於市民暴動時鎮壓。

保有中世紀舊市容的巴黎，當時改以直線道路連結主要廣場，石子路被柏油路取代，並大舉增設路燈。尚萬強背著馬留斯走過的下水道和自來水道，也在那時遭到重新整頓。

十九世紀義大利的心臟
——愛的教育

愛德蒙多·得·亞米契斯（Edmondo De Amicis）[1]
——《愛的教育》（*Cuore*）

《愛的教育》義大利原版書封——作者不詳。

《愛的教育》原文書名為義大利語的「Cuore」，指的是心、心臟、愛的意思。作為一本兒童讀物的書名，好似有些格格不入，畢竟它不是一本科學童話故事。讓我們從故事中推敲書名「Cuore」背後的意義，聽聽這位學習義大利統一運動史的愛國男孩熱血沸騰的「心聲」吧！

書名的「心」代表什麼？

不知是受到小說還是電影的影響，許多人以為這本書只是單純探討男孩間的友情與校園生活。但在我看來，這部小說是《世界名著童話全集》中目的性最為鮮明的作品。

作者亞米契斯在一八六六年，也就是他二十歲那年，參加了義大利統一戰爭，直到一八七〇年占領羅馬為止，一直過著軍旅生活。他親身經歷了義大利統一運動（Risorgimento），見證在奧地利和法國雙面威脅之下分裂成七小國而又統一的過程。成為作家的他，為了將經歷傳承下一代，藉由一位住在阿爾卑斯山下——杜林的國小四年級男孩安利柯一年來的日記，寫下《愛的教育》這部長篇小說。因此在這部小說裡，經常出現「過度強調」愛國心的訓誡。

記住我說的話，這種事隨時可能再發生。卡拉布里亞的少年，可以把杜林當成自己的故鄉；杜林的少年，也可以把卡拉布里亞看作是自己的故鄉。我們的祖國因三十年的鬥爭，失去了三萬多條性命。你們必須互相尊重、互相喜愛。僅因地域不同就隨意侮辱好友的人，沒資格面對義大利國旗。

上述是班導師為歡迎從卡拉布里亞轉學過來的少年所說的話。卡拉布里亞位於義大利南部地區，也就是地圖上義大利長靴的鞋頭部分；而杜林則位於西北部地區。課堂上老師與父母強調的友愛，象徵了義大利統一後各地方的和諧。小說書名「心」，正是指「愛國心」。

不斷出現的義大利統一教育

《愛的教育》的時代背景，發生於義大利統一十年後；空間背景則選於當時的義大利王國首都、皮埃蒙特大區的杜林。從小說中可以感受出，作者不僅想描述學校所在的杜林，更意圖均衡探討義大利的各個地區。

作者在每個月末放上一篇「每月故事」，除了安利柯的校園生活外，額外加上九則短篇小說，各篇主角分別是來自帕多瓦、倫巴底、佛羅倫斯、薩丁尼亞島、羅馬涅、熱那亞、西西里島等地區的少年們。這幾個地區長期以來被分化為城邦或王國，各自獨立發展，作者的安排可以看作是用來強化地域情感豐富的義大利人民間的和諧。

有趣的是，作者也把出身階級放入學校同學之間。個性隨和、人際關係良好的主角安利柯，屬於中產階層，班上還有水泥工、鐵路員、商人、鐵匠的兒子，因孩子打鬧而見面的父親們，超越了貧富差距，互相敞開心房。他們教導子女有個相同的信念，就是要愛國家、愛朋友。不虧是一部「最佳模範」小說。特別是卡隆[2]被過分理想化，讓人感到不切實際。

安利柯的父親雖然常寫信給他，但信中大多不是表達父愛，著墨更多的是朱塞佩・加里波底將軍（Giuseppe Garibaldi）、加富爾首相（Camillo Benso Conte di Cavour）、埃馬努埃萊二世（**Vittorio Emanuele II**）等義大利統一英雄的故事。不僅如此，連課堂上老師考的聽寫內容都是：

朱塞佩・馬志尼（Giuseppe Mazzini），一八〇五年出生，一八七二年死於比薩。擁有偉大靈魂的愛國者，才能超群的作家，引領義大利革命的精神指導者兼殉道者。

對祖國的熱愛使他被流放四十年，四處遭到迫害，過著貧困的流浪生活，但他的靈魂守護了他的自我原則。

對於小學聽寫來說，內容不會太過赤裸嗎？老實說，這本書讓兒時的我聯想到北韓。小說中那位打鼓少年為忠誠而死的場面，讓我寒毛直豎；克萊諦的爸爸願意將血奉獻給國王的言論，也令我毛骨悚然。長大後再次閱讀《愛的教育》，發現它實質上是一本洗腦教育之作。過度且毫無避諱的英雄主義，加上強悍的軍國主義風格，幾乎讓人無法接受。

至於我的反應為何如此激烈？我想是受到一九七〇至八〇年代學校反共教育的影響，成長期裡被灌輸了「民族復興的歷史使命」所致。閱讀書籍，不僅要考量作品的時代背景，讀者的時代背景也會造成極大影響。

我們不能忽略本書創作之際，義大利正沉浸於統一的成就和反抗外敵的情緒之中；就像我們閱讀日治時期或民主化運動時期的反抗詩，也不能任意批評其不夠優雅，甚至粗糙呆板。所以閱讀這本書時，必須將當年義大利人民的情緒一起納入考量。

十九世紀義大利統一運動的性質

義大利統一運動的性質非常奇特，結合了抗外運動、民族運動和獨立運動。接下來，我們來看看形成這種綜合性運動的歷史原因吧！

西元四七六年，羅馬帝國滅亡後，義大利半島的混亂與分裂接連不斷。各地接連出現國王或貴族統治的君主政權國家，以及實施共和體制的城邦。中世紀過後，地中海貿易為文藝復興帶來繁榮與燦爛，但是對義大利人來說，他們並沒有統一義大利的國家概念，也沒有同為義大利人民的共識。比起義大利全民族的共同利益，各國的統治階層更看重自我統治底下的家族利益。每當他們因外患或權力鬥爭引發內部戰爭時，又會將其他外國勢力牽連其中。

另一方面，占領現今德國與奧地利地區的神聖羅馬帝國，認為自己是繼承古代羅馬帝國的世界帝國，不斷試圖想掌控擁有羅馬的義大利半島。而想與神聖羅馬帝國爭奪歐洲霸權的法國，則不斷越過阿爾卑斯山脈侵略義大利北部地區，甚至在義大利領土內掀起戰爭。羅馬教廷的存在，對義大利來說是弊大於利，當時教皇是位於義大利半島中部的教皇國君主，類似現在的聯合國。原本教皇負有調解各地區紛爭之責，卻導致義大利半島內的權力衝突愈來愈錯綜複雜。

最後，神聖羅馬帝國的後裔奧地利與法國統治了義大利北部；南部則在西班牙的統治及干涉之下，持續分裂至近代。然而抵抗外來勢力的過程中，義大利人的民族意識逐漸抬頭。直到十九世紀初期，拿破崙的侵略才使得義大利人開始渴望統一。

一七九六年，拿破崙軍隊擊退對義大利北方極具影響力的奧地利，爾後又打破義大利半島各國家的舊體制，將教皇趕出羅馬，成立共和政體國家。以法國革命理念為基底的《拿破崙法典》（*Code civil des Français*，又稱《法國民法典》）統治了義大利。

表面上是法國軍隊救出深陷於舊體制的義大利民眾，但實際上這次的解放不是為了義大利人，而是為了拿破崙的野心。他奪去義大利的藝術品及文化財，將其移至巴黎，義大利淪為皇帝拿破崙世家底下的私人領地。加上英國為牽制法國，掌控了西西里島與薩丁尼亞島，義大利仍然是列強們的兵家必爭之地。

一八一五年拿破崙沒落後，在奧地利首相克萊門斯・梅特涅的領導下，施行讓全歐退步至法國革命以前的復古主義反動政治。許多逃離義大利的君主接連回歸，他們無法忽視奧地利的恩情，只能施行親奧政治。

拿破崙統治時期的義大利，只是形式上廢除封建特權、統一義大利，但親奧時期的義大利卻是政治大倒退，這是義大利民眾絕不允許的。為了建立規範政治的義大利憲法、驅逐奧地利等外部勢力，並訴求民族獨立和單一政府，義大利人民發起「義大

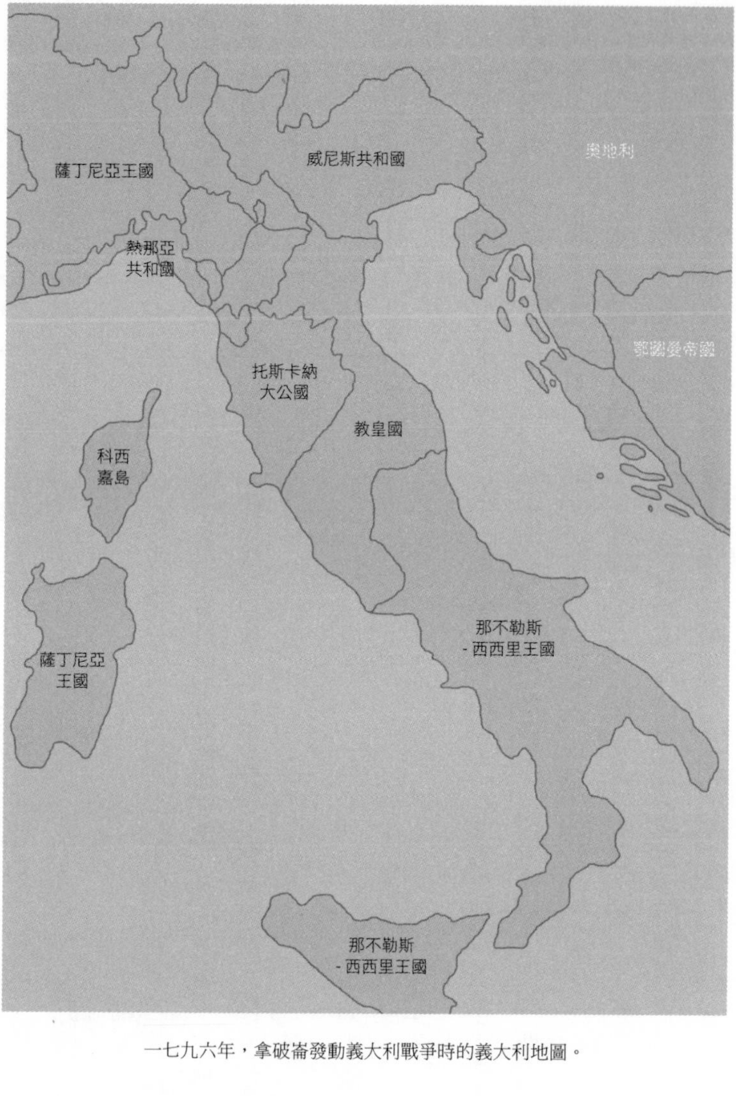

一七九六年，拿破崙發動義大利戰爭時的義大利地圖。

利統一運動」——即復興運動。如此的歷史背景，讓義大利統一運動成為抗外、統一、民族、獨立運動多合一的全民運動，而《愛的教育》正著實反映出當時熱血沸騰的社會氛圍。

欣賞這部小說時，不能只以現代的角度批判其過度強調軍國主義，而要充分考量當時義大利人的立場。若不經深思熟慮，就隨意批評作品的完成度，認為其過度粗糙，反而是讓自己掉入偏見之中。所以，某種層面上具有「主觀的」背景知識，反而對閱讀理解上頗有助益。

現在仍無法停止的「愛的教育」

一八四八年法國二月革命（Révolution de Février）結束後，在義大利青年黨領袖馬志尼的引導下，展開義大利統一運動。理想主義的馬志尼，最終在流亡中喪命。其後的統一運動主要發生於義大利北部、法義交接處的小國——薩伏依公國（Duché de Savoie）。在加富爾首相的強勢領導下，終於與奧地利爆發統一戰爭，統一了薩丁尼亞島、皮埃蒙特、倫巴底等北義大利地區。但過程中為得到法國支持，將薩伏依與尼斯分劃給法國，因此薩伏依公國也稱為薩丁尼亞公國。

此外，隸屬義大利青年團的朱塞佩·加里波底領導「紅衫」志願軍，奪回義大利的西西里島與那不勒斯王國（Kingdom of Naples），並將其獻給薩丁尼亞國王。直到一八六一年才終於完成南部統一，建立義大利王國。

其後，奧地利前領土——東北部的威尼斯地區，則是在普奧戰爭（又名德意志內戰）後合併，並於普法戰爭（在法國稱一八七〇年法德戰爭，在德國稱德法戰爭）占領了羅馬周邊的教皇國。一八七〇年，義大利統一戰爭終於落幕，一八七一年遷都羅馬。

二十世紀，歷經貝尼托·墨索里尼（Benito Amilcare Andrea Mussolini）國家法西斯黨的獨裁政治，以及第二次世界大戰，最終在一九四六年廢除君主制度，完成了馬志尼的遺願，義大利共和國就此誕生。

但是長期以來地域性的獨立發展，使得義大利人的地域情感濃厚，引發了不少社會問題。曾被希臘、伊斯蘭、諾曼、西班牙統治過的南部地區，與歷經中法蘭克王國（Francie médiane）和法國影響的北部地區，嚴格說來屬於不同民族。甚至工業發達的北部人認為自己辛苦勞動支付的稅金，都花在懶惰的南部人身上，因此對他們極度不認同。

面對嚴重的地域、階級爭端，憂慮的義大利人甚至失足支持法西斯黨領袖——墨索里尼。就在一九二二年，墨索里尼上臺，開始動用國家權力，以口號「政治的分裂即是國家的偉大」來掩蓋地域的分裂。

從第二次世界大戰到現在，義大利的問題根源，都出在統一運動時無法完全統一的經濟差異和政治分裂。這麼看來，一百五十年前《愛的教育》裡實施的義大利民族統一教育，至今仍是現在進行式。

註1：一八四六～一九〇八年。義大利作家，早年曾投身軍旅、當過記者。

註2：班上一位叫克洛西的孩子經常被一些同學取笑，甚至連他的母親也成了被揶揄的對象，他忍無可忍之下朝欺侮他的孩子丟墨水，卻不小心丟到老師，而卡隆竟義無反顧替克洛西頂罪。

History in Story

義大利統一的最佳功臣——披薩

披薩發源於十八世紀初的義大利拿坡里地區。南美洲的番茄雖於十六世紀傳入義大利，但歐洲人盛傳番茄帶有劇毒，因而拒吃，唯有拿坡里的窮苦人家，經常會將便宜的番茄和入麵團食用。直到現在，番茄加莫札瑞拉起司（Mozzarella Cheese）口味的披薩，仍被稱為「拿坡里披薩」（Neapolitan Pizza）。

拿坡里的披薩價格非常低廉，家裡沒有火爐的貧民及勞動階層，以此作為主要的巷弄美食。法國小說家亞歷山大・仲馬曾說：「拿坡里貧民們，夏天只吃西瓜，冬天只吃披薩。」不僅外國人大仲馬這麼認為，連拿坡里以外的義大利人對披薩也持有負面印象。披薩從拿坡里的貧民飲食變身為義大利的國民美食，這段歷史不禁讓我想起義大利的統一史。

位於義大利南部的拿坡里，直到加里波底將軍征服該地後，才被納入義大利王國。當年是一八六一年。不過拿坡里地區與其他南部地方，對於新任國王埃馬努埃萊二世的忠誠度普遍不高，因為他是以杜林為據點的薩伏依王朝國王。

一八八九年六月，是埃馬努埃萊二世之子翁貝托一世（Umberto I）繼任的第二年。他在皇后瑪格麗特（Margherita of Savoy）的陪同下出訪拿坡里。皇后在位於拿坡里街弄中心平民表決廣場（Piazza del Plebiscito）的布蘭蒂餐廳（Brandi Pizzeria）點了一份披薩。義大利統一以前，位於北方杜林的薩伏依王朝受到法國影響深遠，王室料理也以法國料理為主，即使身為皇后也無法享受到義大利料理。

布蘭蒂的主廚拉法埃萊·艾斯波西托（Raffaele Esposito），特別為皇后特製了一道披薩，除了既有的番茄和莫札瑞拉起司以外，還多加了羅勒葉。以番茄、起司、羅勒葉為主食材的披薩，看起來就像白色、紅色、綠色的義大利三色旗。這道庶民美食除了讓皇后驚豔於它的美味，廚師的愛國心更深深感動了她。之後，這道披薩料理便以皇后的名字「瑪格麗特」為名。充滿愛國情懷與忠誠精神的拿坡里披薩，終於鹹魚大翻身，成為上至皇后下至庶民的國民美食。

二十世紀初，法西斯政府獨裁領袖墨索里尼，為防止浪費，曾鼓勵人民食用簡樸的披薩作為主食。但其實直到二次世界大戰後，南方人為找尋工作機會大舉遷移北方之際，披薩才正式成為義大利的傳統飲食。有趣的是，義大利統一運動是由北到南，而披薩則是由南到北統一了義大利。

義大利的南北地域情結至今未減，但在披薩面前卻是蕩然無存。一九九七年夏天，北部義大利分離主義者曾發起披薩抵制運動，不過這項提議連義大利北方統一領導者都不願支持。這麼看來，義大利的統一英雄不是政客，也不是軍人，應該是「披薩」才對。

第四部

詭譎的童話故事，透露出不可忽視的祕密

最後一課，是謊言還是民族？

亞方斯·都德（Alphonse Daudet）[1]

——《最後一課》（*La Dernière Classe*）

黑色汙點（The Black Stain）——阿爾伯特·貝特尼（Albert Bettanier）。

地圖上標明的亞爾薩斯－洛林（Alsace-Lorraine），即為法國與德國間長期以來的爭議地區，圖中老師遵守法國教育方針，教導學生軍「下個世代一定要奪回的土地」，而亞方斯·都德出生於此處，並選擇了法國國籍，與《最後一課》的情節不謀而合。

假如日本有一本這樣的短篇小說：

一九四五年八月十五日，朝鮮半島上〇〇市的小學傳來日本無條件投降的消息。身為日本人的國語老師（當年的國語為日本語），如今無法繼續教學。他在悲傷中開始最後一堂課，老師哽咽地要大家不要忘記日文，朝鮮學生們聚精會神地認真聽講，後悔著過往不夠努力學習日文。

一位學生聽見窗外傳來喜鵲的叫聲，感嘆地說道：「難道連喜鵲都只能說朝鮮語了嗎？」課堂結束的鐘聲一響起，窗外傳來吶喊，「大韓獨立萬歲！」日本老師則在黑板寫下：「大日本帝國萬歲！」

而且這本小書成功引起日本人的愛國心，成為日後的必讀小說。不僅如此，日本後裔勢力還打出「復興國土（即朝鮮）」的口號，這本小說被翻譯成各國語言，使外國人誤以為這就是日本強占朝鮮的真實歷史。甚至訪韓日本人還到〇〇小學留影紀念，拜訪《最後一課》的真實場景，感嘆「母語的重要性」。

例子雖然有點極端，不過亞方斯．都德《最後一課》中描寫的德法關係就是上述的翻版。

最後一課的誤會

亞爾薩斯與洛林隸屬於德國的時間，遠比隸屬於法國長。這裡的方言，原本就是德國方言分支中的亞爾薩斯語（Elsässerditsch）。韓國教科書中把這本小說當成朝鮮日治時期（一九一〇至一九四五年）的翻版，讓我們感受到法國扭曲的民族情感。

歷史的內幕讓這部作品變得荒唐，但實際上卻又不這麼荒唐。下述是《最後一課》的內容大綱：

> 有一位住在亞爾薩斯的少年，不喜歡讀書，喜歡在田野間奔跑的他經常遲到。某天，他又遲到了。不過老師卻沒有責備他，教室裡氣氛嚴肅。
>
> 老師說道：「這是最後一堂法文課了。」法國戰敗，亞爾薩斯與洛林現在隸屬於普魯士。法文課被廢除，從明天開始以德文課取而代之。老師對著學生和前來參觀最後一堂課的村民們強調「母語的重要性」。
>
> 下課鐘聲一響，遠方傳來普魯士軍人的喇叭聲。哽咽的老師沉默地在黑板寫上：「法蘭西萬歲！」為最後一課劃下句點。

《最後一課》是亞方斯．都德於一八七一年發表的作品，與其他四十篇敘述普法戰爭和普魯士占領法國的短篇小說一同發行，收錄於一八七三年發行的《星期一故事集》（*Contes du Lundi*）中。

普法戰爭，德法紛爭的起點

普法戰爭發生於一八七〇至一八七一年，是法國和普魯士間的戰爭。其中「普」指普魯士，「法」則指法蘭西。以前許多學生搞不清「普法戰爭」，但現在許多書籍上會直接標明「普魯士—法國戰爭」，理解上變得容易許多。

一八七〇年因西班牙王位繼承問題，普魯士與法國戰爭一觸即發。浮上檯面的新興強國普魯士，想藉機阻止法國勢力擴大，以除掉可能阻礙德國統一的絆腳石。法國皇帝拿破崙三世於色當戰役（Battle of Sedan）時被俘，普魯士進軍巴黎，並在法國凡爾賽宮內的鏡廳宣布德意志帝國成立。

一八七一年五月十八日，兩國簽訂《法蘭克福條約》（Treaty of Frankfurt）後終戰。條款中規定法國必須賠償五十億給普魯士，在賠償金付清以前，普魯士軍隊將駐紮法國，而且法國還得割讓亞爾薩斯與洛林給普魯士。不只天價賠償金讓人吃不消，更形

亞爾薩斯與洛林典型村莊一景。

同踐踏了法國的自尊心。亞爾薩斯與洛林被割讓後，刺激了法國人的民主意識，直到二戰爆發以前，法國與德國的關係就像是歐洲政治的未爆彈。

德法兩國的必爭之地——亞爾薩斯與洛林

亞爾薩斯與洛林的東北部緊鄰德國，在凱撒的占領之下，過去為神聖羅馬帝國的一部分，查理大帝統治時期為法蘭西王國所屬。查理大帝死後，他的孫子於八四三年簽訂《凡爾登條約》（Treaty of Verdun），法蘭西王國分割為西法蘭克王國（Francie occidentale）即為日後的法國，中法蘭克王國為義大利，東法蘭克王國（Francie orientale），則為德國。

位於阿爾卑斯山一帶的中法蘭克王國，同時受到德國、法國、義大利影響，因此除了義大利半島外，其餘地區皆沒有鮮明的民族性。這些地區在德語中被稱為「Lothringen」，源於中法蘭克國王洛泰爾一世（Lothar）之名，而其在法國則被稱為「Lorraine」（洛林），亞爾薩斯就位於洛林南部。

其後因《墨爾森條約》（Treaty of Meerssen），亞爾薩斯與洛林轉為東法蘭克所屬，長期受到德國文化渲染。然而十七世紀，三十年戰爭結束後，又在《西發里亞和約》（Peace of Westphalia）之下，成為法國領土。但是長時間隸屬德國，即便之後合併法國，一般民眾仍以德語交談為主，僅有部分上流階層使用法語。

一八七一年以前，亞爾薩斯大部分地區和洛林東部地區被併入德國以前，當地使用法語的人口僅達百分之十一。由此可知，《最後一課》是完全以法國立場為前提，參雜了過多的民族情緒。

> 學校屋頂上的鴿子低聲嗚叫，此時我心想：「現在連鴿子都只能說德語了吧？」

不過內文中的感情敘述，與當時亞爾薩斯人的情感是否吻合呢？畢竟亞爾薩斯長期隸屬於德國之下，居民對於德國的語言及文化更為熟悉，法國人對此也非常清楚，路易十四甚至說過「亞爾薩斯是法國裡的德國」。但是作者為什麼硬是強調亞爾薩斯與洛林是「使用法語的法國領土」呢？

原因在於在新大陸的銀礦傳入以前，亞爾薩斯是歐洲幾個能夠採集銀礦的罕見地區之一；洛林地區則具有非常豐富的煤炭、鐵礦、石鹽等礦產資源。工業革命時期，占領煤炭、鐵礦產地，能為國家帶來非常可觀的助益。作為軍事工業的基本，煤炭與鐵礦具有非常重要的意義。

法國相較於德國，除了亞爾薩斯與洛林地區以外，沒有任何煤炭、鐵礦產區，因此該地的所有權更是至關緊要。此外，自古以來亞爾薩斯是通往雙方國家的交通要地，對德國、法國來說都是兵家必爭之地。

以法國的立場來說，普法戰爭之後他們「失去」了亞爾薩斯與洛林。但以第三國的角度看來，對一個長期隸屬德國之下的地區，使用「失去」二字反而有些奇怪。不過這段歷史確實讓法國自尊心蒙羞，喚起他們對德國的報復之心。小學的體育課，甚至被強調是為了收復亞爾薩斯與洛林的體力訓練。強烈的社會氛圍，造就出亞方斯·都德的《最後一課》。

德法間的民族情緒與競爭心理，持續延燒至第一、二次世界大戰。一九一四年第一次世界大戰爆發，法國打敗德國，成功收復亞爾薩斯與洛林。法國選擇在凡爾賽宮的鏡廳簽署條約，要求德國支付鉅額賠償金。這次的鉅額賠償，成為日後納粹與希特勒極權統治的幕後推手。

其後德國再次挑起第二次世界大戰，占領了亞爾薩斯與洛林，但戰後又回歸至法國底下。由此看來，普法戰爭後至第二次世界大戰前的所有戰事，皆因德法間的衝突而起，且圍繞在亞爾薩斯與洛林的紛爭之上。

世界上最優美的語言

> 接著韓麥爾老師說，法語是世界上最美麗、最標準的語言，千萬不能忘記這個語言。不管被什麼國家俘虜，守護祖國的語言，就是手握監獄之門的鎖匙。

不知為何，小說的內容讓我聯想到本國對殖民地和領地強硬的語言政策。其實有一個我們容易忽略卻亟需重視的問題：就算在同一個國家，也會發生強迫其他地方使用首都或強勢地區方言的情況。根據調查，一八六〇年的法國境內，使用法語的人數不到四分之一。法國東南部的普羅旺斯、西北部的布列塔尼等地區的地方法庭，遇上當地農民出庭作證時，甚至必須動用口譯。法國革命以後，隨著教育普及，法國學校才開始進行法語的單語教育。在學校，若小學生不慎使用方言，還會受到老師的懲罰及侮辱。亞爾薩斯與洛林也是如此。但是，這種方式是正確的嗎？

《最後一課》之所以打動韓國讀者，是因為朝鮮日治時期，小學裡施行的「方言札」（廢除方言、強制推行標準語的手段）。學校在使用朝鮮語的學生身上掛上木牌，以示標記。但方言札不僅於韓國實行，一九六〇年代，第二次世界大戰戰敗後，日本沖繩等其他使用方言的地區，同樣會對沒有使用標準日語的學生處以方言札。由此可知，即使在同一個國家內，仍會發生中心地區對周邊地區施以語言強迫的情況。

亞方斯．都德說：「法語是世界上最美麗、最標準的語言。」我難以苟同。世界上每個人都有母語，每個人的母語都是世界上最美麗、最標準的語言。同一國家的人民，也可能因出生地的不同，擁有其他母語。不管是本國對殖民國，或是同國的中心地帶對周邊地區，一旦強求對方使用自己的語言，就是暴力的開端。

希望讀過本章節的你，若前往史特拉斯堡旅行，不會讚嘆此地是《最後一課》的真實場景，也不要為母語及民族的靈魂而悸動。我相信了解歷史真相的你們，會知道《最後一課》是本十分荒唐的小說。

註1：一八四〇～一八九七年。法國寫實派小說家。

History in Story

從亞爾薩斯與洛林起源的歐洲同盟

由這本書，我想起與亞方斯同是出生於德法邊境的羅貝爾．舒曼（Robert Schuman）。準確來說，他出生於盧森堡，隨著地方情勢發展，他一會兒是德國人，一會兒又是法國人。同時學習盧森堡方言和法語，使當地人具有一種獨特的腔調，與其形容他們是法國人或德國人，「亞爾薩斯 - 洛林人」的稱號更為貼切。

二戰後，身為法國外交部長的他，提議德法共同管理亞爾薩斯與洛林豐富的鐵礦和德國魯爾地區的煤炭。這項計畫稱為「舒曼計畫」（Schuman Plan），而歐洲煤鋼共同體（簡稱 ECSC）就是由此誕生。ECSC 創辦初期，由法、德、義、比、荷、盧六國組成。該組織歷經歐洲經濟共同體（EEC）、歐洲共同體（EC）時期，才發展至現今的歐洲聯盟。

現在參與歐盟的國家逐漸增加，羅貝爾．舒曼成功創造了「一個歐洲」的基石。歐洲議會本部目前仍設於亞爾薩斯的史特拉斯堡。除了歐洲經濟共同體外，這裡也是團結歐洲政治同盟的重要地區。普法戰爭後，比起像亞方斯一般，被過度盲目的民族主義遮掩的法國知識分子，二戰後提出「跨國境合作計畫」的羅貝爾．舒曼，顯得更加光芒耀眼。

人面巨石下的美國建國真相

納旦尼爾·霍桑（Nathaniel Hawthorne）[1]

——《人面巨石》（*The Great Stone Face*）

《人面巨石》的雛形——山中老人（The old man of the mountain）。

霍桑以位於阿帕拉契山脈（Appalachian Mountains）分支

——白山山脈（White Mountains）上的一顆自然石觀作為小說的故事背景。

但二〇〇三年五月的一場暴風，使山中老人倒塌，該景觀已不復在。

上中學的時候，國語教科書裡收錄了《紅字》（*The Scarlet Letter : A Romance*）作者納旦尼爾．霍桑的短篇小說——《人面巨石》。這篇小說能喚起許多關於清教徒和美國建國初期的歷史。

故事發生於美國南北戰爭後某個清教徒村莊。住在山腳盆地的少年恩尼斯，每天都會看著對面山頭那座人臉形狀的石頭沉思，那顆石頭就叫做「人面巨石」。聽母親說過，在印第安傳說中，如果有長得和巨石一模一樣的孩子出生，他必定會成為偉大的人物。

恩尼斯一心想見這號人物。在眾人的幫忙下，他見過富商撈金先生、鐵血將軍、舌燦蓮花的政治家老面石，卻換來一次次的失望。最後他見到一位詩人，也不是傳說中偉大的人物。

然而聽著恩尼斯傳教的詩人，卻忽然發現恩尼斯其實就是傳說中偉大的人。他大喊：「快看吶！恩尼斯就是那位長得像人面巨石的偉人！」儘管如此，恩尼斯仍謙虛地等待著長得像人面巨石的偉人，出現在自己面前。

第一次讀《人面巨石》，是我讀中學的時候，那時我已經會一些基礎的英文單字。

第一次看到主角恩尼斯（Ernest，是德文「誠實」的意思，相等於英文 Honest 之意）的名字時，就有預感他是那位長得像人面巨石的偉人。連名字都叫「誠實先生」，擺明了偉人非他莫屬。

那些冒牌偉人的特徵，也能從名字上略知一二。富商「撈金先生」，無非就是一位視錢如命的人；「鐵血將軍」，一看就是冷血無情；政治家「老面石」，擺明就只是長得像巨石，是個金玉其外、敗絮其中的角色。當時我真認為作者取名的品味也太差了。但事實上，登場人物的名字非關作者品味，而與清教徒的歷史、文化大有關聯。

追尋宗教自由而從英國遠赴美國的清教徒，為了與英國國教會做出分別，會避免取天主教或英國國教會信徒使用的姓名。舊教徒信仰的「瑪利亞」（Maria），榮登最不受歡迎第一名，還有史蒂芬妮（Stephanie）與卡特琳娜（Caterina）這類的天主教聖人，也是清教徒避之唯恐不及的名字。因此，清教徒的名字多取自於《舊約聖經》，美國總統林肯的名字「亞拉伯罕」（Abraham），就是當時非常流行的名字之一。

除此之外，清教徒還會使用以往不曾使用過的「抽象人格字彙」當作名字，小說主角恩尼斯和修米勒提（Humility，謙卑）就是舉證之一。反之，舊教信徒為反宗教改革，不分男女都以聖母「瑪利亞」命名，因此身為男性的德語詩人萊納．瑪利亞．里爾克（Rainer Maria Rilke），才會以「瑪利亞」為名。

連現實中都以抽象的名詞命名，更何況是虛構的小說，因此小說中身為清教徒的主角，才出現如此「一目瞭然」的名字。霍桑代表作《紅字》中的女主角女兒，也是一個很好的例子。女主角通姦後生下的女兒，名字取為「珍珠」（Pearl），珍珠是疼痛中產生的寶石。胸口被畫上紅字，歷經苦難，好不容易守住的女兒，能有比珍珠更適合她的名字嗎？

清教徒的歷史，讓我們知道《人面巨石》的角色命名並不幼稚，而是完全反映出了當時的社會文化及背景。

從小說人物看美國建國歷史

人面巨石不過是一座陡峭的山坡上交錯堆疊的大岩石，卻奇蹟般地形成一座雕像，從遠方望去，酷似張人臉。彷彿是一位巨人，把自己的相貌刻在其上。巨人的額頭足足有三十幾公尺長，鼻梁高挺，嘴巴發出的聲音足以響徹雲霄，貫穿整座山谷。近看雖然只是幾顆大石頭，但退得愈遠，臉部的輪廓卻會愈來愈鮮明。

作者的故鄉位於美國東北部的麻薩諸塞州，當地真的有一顆人面巨石，就位在美國東部的阿帕拉契山脈分支的白山山脈上，這顆酷似側臉的巨石，被稱作「山中老人」。作者霍桑就是以此為背景，創作了這篇小說。

麻薩諸塞州是美國移民史中歷史最悠久的地區之一。一六二〇年九月，五月花號從英國普利茅斯出發，原定目的地是維吉尼亞殖民地，最終卻抵達了美洲大陸東北部。他們以當地原住民語「很大的山坡地」為此命名，稱其為麻薩諸塞。船上大部分的成員是為避開英國宗教迫害、追尋信仰自由的清教徒，美國歷史上稱他們為「朝聖者之父」（Pilgrim Fathers），並認為是建國始祖。其實在他們抵達以前，早有人們為了黃金和土地遷居北美，但美國人並不把他們視為「始祖」。

船上其中四十一名男性，為建立新政府簽署《五月花號公約》（Mayflower Compact），後來成為其他殖民地的典範，被評價為美國自治憲法的首例。接下來的故事，就是我們在教科書或文章中經常看到的內容。「捱過第一個疾苦的寒冬，在原住民的幫忙下成功豐收。秋收之際，他們便邀請原住民一同慶祝豐收，其後原住民不再發起武裝攻擊」等溫情滿人間的故事，看似原住民們也非常尊敬建國之父，把他們視為聖者看待。

不過事實的真相是，五月花號抵達的前幾年，當地因傳染病猖獗，百分之九十的原住民命喪於此，因此原住民和新移民間，根本無心為寥寥無幾的經濟作地發生衝突。

朝聖者之父定居後，便以波士頓為中心，在麻薩諸塞州建立殖民地。脫離古板腐敗的英國後，他們懷著對宗教的熱情，期望建立一個全新的信仰共同體，將其取名為「新英格蘭」。他們以投票制度決定國政，在當時屬於非常先進的民主體制。其後開始建立教會、學校等公共建設，著名的哈佛大學就設立於此時。除了麻薩諸塞州以外，從英國遠渡而來的清教徒，也在羅德島州、康乃狄克州等地建立了殖民地。

以美國建國初期歷史為底蘊的《人面巨石》中，資本家撈金先生、獨立戰爭的英雄鐵血將軍，以及總統候選人老面石，絕非偶然才住在同一個村落。這個地方原本就孕育出許多美國建國初期的知名人士。不過作者在這麼多角色之中，為何選定謙遜的傳教士恩尼斯成為偉人的代表呢？

> 恩尼斯的生活裡，充滿謙遜和反思，面容極為慈祥。他總是為周遭人伸出援手，不知不覺間，他成為一位傳教士，實踐了自我理想。因此遇見恩尼斯的人，或是聽他傳教者，都會受到非常深層的感召。
>
> ……恩尼斯不論對象貧富貴賤，總是誠心待人。……他把自己內心的想法告訴他的聽眾。言行如一的他，話中具有強烈的說服力，而且總是能將生活與思想融為一體。

這種從日常勞動和樸實生活中獲得智慧，不忘神恩、知行合一的清教徒形象，長時間成為日後美國領導者的象徵性形象。「WASP」是用來形容美國統治階層的單字，取自「White Anglo-Saxon Protestant」中每個單字的首個字母，意指「白人盎格魯-撒克遜新教徒」。這個單字用來指稱作者的祖先，也就是當年搭乘五月花號前往美洲的信仰之父兼建國之父——朝聖者之父，和其後從英國移居至此的白人新教徒子孫，他們至今仍是美國傳統的主流統治階層。

直到一九二〇年為止，美國兩百大企業大部分都掌握在他們手上。甘迺迪總統是愛爾蘭大饑荒（The Great Famine，又稱馬鈴薯饑荒）時期移居美洲的愛爾蘭後裔，同時也是天主教徒。在一九六〇年甘迺迪當選前，美國歷任總統清一色出身於「WASP」。

朝聖者之父的真相

但是這群為追尋宗教自由而遠赴美國的清教徒，和他們的WASP子孫，對於其他人種或信徒，別說是宗教自由了，連生活自由都一概剝奪。他們掌控財經界，在美國呼風喚雨。一八〇四年，作者霍桑出生於麻薩諸塞州塞勒姆的某個清教徒家庭，他對死板的清教徒精神非常不滿。

霍桑的曾祖父約翰．霍桑（John Hawthorne），是一六九二年塞勒姆審巫案（Salem witch trials，大規模女巫審判事件）中判決十九人處以絞刑的七位法官之一，而這件事終生困擾著他。因此他透過代表作《紅字》，批判清教徒壓抑人類的情感、憤怒、情慾的倫理及傳統。

美國的建國史，當然不只受到清教徒宗教信仰的影響。還有為了耕地，不惜借錢搭上蒸汽船前往美國的貧苦農民、英國遣送而來的囚犯、因人口買賣而來的非洲人、因愛爾蘭大饑荒移民而來的愛爾蘭人，以及為興建鐵道與教堂而來的中國苦力（Coolie labor）等，大量的新移民使美國人口激增，蓬勃發展。第一批前往美國的韓國人，也是在同一時期以廉價薪資遠赴夏威夷農場勞動。

除了清教徒移民以外，美國建國還參與了許多自願或被迫的廉價低質勞動移民。儘管如此，每當提到建國史，多數美國人仍只會想到朝聖者之父虔誠的形象。對於歷史不過短短幾百年的美國來說，清教徒移居彷彿是神聖建國神話。

但是美國的這種行為算得上誠實嗎？在清教徒父母虔誠的信仰下，無數的孩子被取名「恩尼斯」，他們能夠對得起自己的信仰和良心，成為「誠實的人」嗎？小說中建國初期誠實的形象，和現在成為資本主義霸權的美國形象，不是天壤之別嗎？現在的美國，更像是一味追求利益的撈金先生，和只相信武力的鐵血將軍。為了祖國的利益派兵前往國外，打著外交之名、行荒唐之實，就像是油嘴滑舌、毫無真情的老面石。

結束一天繁重的工作，恩尼斯已經望著人面巨石好幾個小時了。這種時候，人面巨石總會對他露出溫暖的微笑，無聲地回應著恩尼斯尊崇的眼神，並給予他鼓勵。人面巨石的慈愛並不侷限於恩尼斯，其他人看著人面巨石，也會有相同的感受。

不過我並非想否定清教徒的正面形象和霍桑的作品。「人面巨石的慈愛並不侷限於恩尼斯」這句話裡頭所包含的精神，是讓我無法討厭它的原因。清教徒名門世家出生的霍桑，不但不急於固守既有的勢力，反而回頭思考美國當時犯下的錯誤，希望能讓一切回到最初的善意。

美國短暫的歷史洪流，放大了偉人和英雄的地位。不過霍桑選擇一位對人人慈愛、恭謹謙和且知行合一的信徒作為真正的偉人，或許作者才是那位實踐了人間溫情的「誠實先生」吧！

註1：一八〇四～一八六四年，美國小說家，最重要的作品是長篇小說《紅字》。

History in Story

印第安原住民也有人面巨石？

說到人面巨石，多數人會先聯想到美國拉什莫爾山上的雕像。白人驅逐原住民、強占土地，還在拉什莫爾山上雕刻喬治．華盛頓（George Washington）、湯瑪斯．傑佛遜（Thomas Jefferson）、西奧多．羅斯福（Theodore Roosevelt）、亞伯拉罕．林肯（Abraham Lincoln）的雕像，彷彿在宣誓白人才是美洲大陸真正的主人。

但距離拉什莫爾山約二十七公里、南達科他州布拉克山的某座山峰上，還有一座人面巨石。十九世紀淘金潮開始前，布拉克山附近住著原住民蘇族（Sioux）。當地挖掘出黃金後，便湧入大量的白人及軍隊。雕像主人公「瘋馬」（Crazy Horse）為了守護領土，驍勇反抗白人，甚至於一八七六年一舉殲滅卡斯特中校（George Armstrong Custer）所引領的部隊，史稱小巨角戰役（Battle of the Little Bighorn）。

隨後回來報仇的聯邦軍立刻擊敗蘇族，原住民遭流放至印第安保留地（Indian Reservation）。此時，印第安人與白人間的緊張局勢一觸即發，甚至傳言瘋馬正在計畫叛亂。聽聞風聲的白人將軍立刻逮捕瘋馬，進行調查，卻找不到任何證據。後來瘋馬被告知自己將被遣返的消息，然而一切卻只是白人的騙局，其實他正被送往禁閉室，瘋馬垂死抵抗，最後死於刀下。

美國拉什莫爾山的雕像，從左到右的順序為：
華盛頓、傑佛遜、羅斯福和林肯。

數十年後，一九三九年，雕刻家柯扎科．吉爾諾斯基（Korczak Ziolkowski）收到了一封信，內容是請求他讓世人知道「原住民裡也有一位不亞於白人的英雄」。一九四八年，他獨自開始著手雕刻「瘋馬像」。一九八二年柯札科死後，這項作品由他的家族繼續進行，至今已經完成臉的部分。

還在繼續雕刻中的瘋馬像。

據說要完成瘋馬的身體和他的馬，必須花上足足百年的時間。光是雕刻中進行的岩石爆破，就掉落了約八百四十噸的岩石，由此可知該作品何其壯觀。第一次的岩石爆破，據說有數百名印第安人參加，其中還包括當年參與小巨角戰役的九名戰士中倖存的五人。

現代尋母記，不斷上演的悲歌

愛德蒙多·得·亞米契斯（Edmondo De Amicis）
——〈尋母記：從亞平寧山脈到安地斯山脈〉（*Dagli Appennini alle Ande*）

萬里尋母——作者不詳。

這部童話並非一本獨立小說，而是收錄在《愛的教育》中的一篇短篇小說。《愛的教育》除了小學四年級的少年安利柯一年的日記外，額外收錄了九篇「每月故事」。這些短篇故事多為真實改編，內容主要敘述來自義大利各地愛國少年的事蹟，或他們實踐孝道的故事，〈尋母記〉就是其中一則。

〈尋母記〉是五月日記後的每月故事，原著名稱直譯為「從亞平寧山脈至安地斯山脈」。主角為尋找母親從熱那亞前往阿根廷，因此取用義大利與南美洲著名的山脈為名，以顯示這趟旅途的長途跋涉。

一八六六年，義大利人為何舉家前往阿根廷？

住在熱那亞的馬可，因為前往阿根廷工作的母親突然斷了音訊，便代表家人隻身前往阿根廷尋找母親。

遠渡大西洋，歷經漫長的航海，終於抵達母親在布宜諾斯艾利斯的家。不料她卻已搬家。馬可走過科爾多瓦與德庫曼，四處打聽母親的消息。途中他受過義大利人的幫忙，搭過貨車，一個人走在伸手不見五指的路上，歷經千辛萬苦終於見到了母親。

不過媽媽卻生病了，她失去求生意志，不願接受治療。但馬可意外地出現，讓媽媽重新決定接受手術。馬可最終救了媽媽。

故事背景發生於一八六六年，義大利統一的第五年。先前分裂為幾個獨立國家的義大利，和其他歐洲國家一樣，在中央集權政府下難有作為。神聖羅馬帝國皇帝與教宗間的權力鬥爭，成為義大利發展的一大阻力。再加上當時還有法國頻繁的干政與侵略。

中世紀至近代初期，地中海貿易興盛，義大利文藝復興遍地開花，但是其後東地中海貿易受到鄂圖曼帝國阻擋，各地城邦只能隨之衰落，暗自神傷。所以該時期的義大利經濟與西北歐經濟相比，只能說是望塵莫及。

薩丁尼亞王國的首都設於義大利北方的杜林，雖比其他歐洲地區起步稍晚，但當時也已步入工業革命時期。反之，南部地區仍以農業及畜牧業為主，而且佃農的數量遠多於自耕農，大部分的農民在繳交地租後，實得收入根本所剩無幾。居住於南方的義大利人，為找尋機會才大舉遷移阿根廷、美國等地。此時還有比新興國——美國更適合移居的地方嗎？當時的阿根廷是排名世界第五的富國之一，因勞動力短缺，正積極接受新移民，所以馬可的媽媽才會前往阿根廷打拚。

不過，〈尋母記〉是以義大利北方城市熱那亞作為背景，父親的職業也不是農夫，而是碼頭工人。但若要解釋該時期義大利人移民的緣由，還是以南方的西西里島作為解釋最為普及。接下來，我也會以義大利南部為主進行說明。

只能吃玉蜀黍的義大利農民

除了中國華僑和以色列海外猶太人之外，義大利的海外僑胞數是世界第三多。離鄉背井的義大利人，大部分出生於貧苦的農村，他們齊心協力一起走過艱困的移民時期，其間的互助精神是國際上有目共睹的。

「讓我想想。這麼多同胞之間，怎麼可能湊不出三十義大利里拉呢？」

……

「跟我走！」

爺爺邁出步伐，馬可緊跟在他後面。他們一語不發，走了好長一段路，最後佇足在一間小酒館前，招牌就寫在牆上——義大利酒館。

……

「同胞們！」

「過來吧，孩子！」

「你還有移民過來的我們啊！」

……

「別擔心，我們會想辦法讓你回到媽媽身邊！」

……

倫巴底爺爺不過摘下帽子不到十分鐘，就募集到了三十里拉。

義大利南部，包括西西里島，在古羅馬帝國時期被稱作「穀糧倉庫」，是農作物豐收之地。就算農業隸屬一級產業，倘若發展得宜，也不至於有如此多的人挨餓受凍，選擇離鄉背井。這樣的情況究竟是怎麼造成的？

十八世紀後，地中海貿易退潮，加上穀糧無法順利輸入，造成義大利等南歐地區小麥價格大幅增漲。地主為了獲利，將小麥全部賣出，強迫農民在休耕地種植玉蜀黍作為食糧。從新大陸傳入的玉蜀黍，單位收穫面積是小麥、黑麥等作物的兩、三倍之多，價格更為低廉。在歐洲人口激增的十八世紀，玉蜀黍成為庶民間重要的糧食。

另一方面，耕地是地主唯一的收入來源，地主享盡榮華富貴的同時，地租也跟著水漲船高。貧窮的佃農們繳納不合理的地租後，剩下的錢只夠買玉蜀黍粉。走投無路的他們，只能吃一種叫做「波倫塔」（Polenta）的玉米粥。可是，每天只吃玉蜀黍，會引發一種可怕的疾病——糙皮病（Pellagra），其主要病徵為皮炎、腹瀉、癡呆。

糙皮病的主要成因是缺乏維他命 B 中的菸鹼酸，只要吃些玉蜀黍以外的肉類、蔬菜或水果，就不足以致命。然而極度貧窮的義大利農民，根本負擔不起其他食材的費用，每天僅攝取玉米粥，導致當地的發病率比起其他進口玉蜀黍的南歐地區高上許多。根據統計，莫約在一八七一年時，義大利糙皮病發病率達到巔峰，正好與義大利海外移民潮相符。

從未停止尋找母親的「現代馬可」

二十世紀初，糙皮病早已從歐洲消失，不過它卻跨過大西洋，重新流竄於美國。解放奴役後，黑人成為勞工及佃農，營養狀態卻遠不如身為奴役的時候。二十世紀末至今，糙皮病仍流行於非洲地區。

現在的非洲農民，當然也是因為食用廉價的玉蜀黍導致糙皮病。不過他們的貧窮並不是他們的錯，而是地主與跨國食品公司所犯下的錯誤。認真努力工作的他們，得不到應有的報酬，孩子的母親就像馬可的媽媽一樣，為了工作只能離鄉背井，遠渡重洋。他們的孩子至今仍會哭鬧：「媽媽在哪裡？我想媽媽！」他們的悲歌彷彿〈尋母記〉的故事，孩子們只能吃著玉米粥，哭鬧到睡著。

非洲、菲律賓或世界上某個角落，仍不斷重演〈尋母記〉的情節。不管是當年還是現在，社會都沒有改變。一本好的童話，穿越古今，讓我們看見現實。因此我想透過〈尋母記〉，告訴大家「現代馬可們」的故事。

History in Story

為什麼印第安人不會得糙皮病？

玉蜀黍傳入歐洲後，糙皮病開始流行，但是在玉蜀黍產地、土生土長的中美洲原住民，為什麼不會得糙皮病？

糙皮病是因缺乏維他命 B 中的菸鹼酸所引起的病症，美國原住民以傳統的料理方式解決了這項營養缺乏的問題。他們會將玉米粒泡進由貝殼粉磨製而成的生石灰裡，至少三十分鐘，再把玉米磨成粉，揉成麵團，做成墨西哥薄餅。吸收生石灰的鈣質後，玉米中特定的胺基酸比例會產生變化，並可強化菸鹼酸，因此以玉米為主食的他們，並不會得糙皮病。

將玉米帶入歐洲的歐洲人，鄙視這種料理方法，稱其為「野蠻人的料理法」，結果帶來糙皮病，造成無數人犧牲。除此之外，中美洲的原住民除了玉米以外，也攝取許多蔬菜，跟貧苦的歐洲農民和美國黑人不同，因此不會發生缺乏維他命的病狀。

龍龍與忠狗的眼淚

韋達（Ouida）[1]

——《法蘭德斯之犬》（*A Dog of Flanders*）

龍龍與忠狗——作者不詳。

距離小學看的卡通《龍龍與忠狗》，已經有三十年之久了。記得有次跟朋友回憶時，朋友說最後一集龍龍死的時候，他泣不成聲。隔天到了學校，每個人都在討論自己哭得有多慘。說完之後，朋友突然用一副「那妳呢？」的表情看著我，但是我怎麼努力回想，都想不起自己是否哭過，只記得當年對好多事好奇不已。

首先，我非常好奇法蘭德斯之犬到底是哪個國家的狗？我翻遍世界地圖，就是找不著法蘭德斯（Flanders）這個國家。既不是要把牠送進軍營，也不是讓牠成為國家足球隊代表，年幼的我怎麼會如此好奇一隻狗的國籍呢？龍龍和阿忠一同蒙主寵召的那幕，我也是百思不得其解。龍龍看著景仰大師的作品沒有留下遺憾，幸福地死去，不過什麼都不懂的狗狗，為什麼也要一起死呢？還有龍龍崇拜的畫家彼得・保羅・魯本斯（Peter Paul Rubens）到底是何方神聖？名畫為什麼不掛在美術館，而是掛在教堂呢？

現在就讓我來解答這些沉睡三十年的好奇吧！

「法蘭德斯」到底屬於哪個國家？

龍龍父母雙亡，因此他跟外公耶漢・達斯住在一起。某次在路上，狗狗阿忠被發酒瘋的主人打到垂死，拋棄在路旁，龍龍因緣際會救了牠。身體復原後，阿忠為了報恩，總會幫外公拖著送牛奶的貨車，於是龍龍與阿忠開始每天早晨一起送牛奶。

具有畫畫天賦的龍龍，曾為好友小蓮畫畫。小蓮的父親羅傑斯是富有的風車磨坊主人，他非常討厭龍龍。外公過世後，龍龍因積欠房租被趕出家門，加上美術大會參展作品落選，龍龍陷入絕望深淵。無家可歸的他，無力地走在街上，卻意外撿到了錢包，裡頭裝著羅傑斯的全部財產。龍龍拿著錢包物歸原主，並把阿忠寄養在羅傑斯家中，但阿忠卻從新家一躍而出，追上龍龍。

龍龍坐在教堂的地板看著魯本斯的畫，他與阿忠緊緊相擁，仍敵不過酷寒的冬季，從此永遠沉睡。隔天早晨看到這幕的人們紛紛落下眼淚，懊悔當初錯待龍龍。

法蘭德斯之犬，與韓國的珍島犬[2]一樣，是法蘭德斯地區特有的名犬。法蘭德斯的地域範圍隨著時代推衍不斷改變，其名稱是從當時統治該區的弗蘭德（Flandre）伯爵而來。

當時，法蘭德斯的領土包括現在的法國北部、比利時西部與荷蘭西南部。緊鄰北海（North Sea）的地理位置，使該地成為前往北歐與地中海、英國與德國的交通樞紐。位於重要位置的法蘭德斯，戰事接連不斷，領導者時常變動。獨立以前則是由西班牙的哈布斯堡王朝統治。

故事中龍龍的外公之所以是榮譽軍人，與當地頻繁的戰事有關。故事裡，作者陳述法蘭德斯隸屬西班牙，因此當地有許多黑眼珠的人種，藉此道出該地區悲痛的歷史。因此不管卡通還是故事書中，龍龍都是金髮藍眼的日耳曼族，小蓮則是有著棕髮黑眼的拉丁民族。小蓮家世顯赫的原因，也許跟他們屬於西班牙人種有所關聯吧！

當時，西班牙統治者強迫現在的荷蘭與比利時地區信奉天主教，且課以重稅。十六世紀，荷蘭在奧蘭治的威廉三世（Willem III van Oranje）的帶領下獨立。其後於一八三〇年，天主教信徒眾多的比利時，才脫離新教國家荷蘭，宣布獨立。因此法蘭德斯之犬，算是擁有比利時血統。

《法蘭德斯之犬》第一頁寫道：「他們住的茅房距離安特衛普約五公里遠，位在法蘭德斯地區的邊界處。」而安特衛普現在隸屬於比利時。就算小蓮穿著木屐、提著鬱金香，具有深刻的荷蘭少女形象，法蘭德斯仍不屬於荷蘭，而歸比利時所有。

無法擺脫的貧富差距

「法蘭絨」（Flannel）取名於法蘭德斯，當地以毛製品遠近馳名。法蘭德斯以毛織品產業出發，逐漸發展成國際貿易的中繼站，是資本主義發展非常早的地區。鼓勵發展經濟活動的喀爾文主義，也是推動資本主義發展的一大功臣。

從龍龍每天送牛奶至五公里遠的大城市安特衛普，可以看出當時都市化程度相當高。牛奶、花、蔬菜等產業，都聚集於城市近郊。當地跟其他均窮的歐洲農村不同，貧富差距非常大。從小蓮的爸爸討厭貧窮的龍龍，就可略知一二。

龍龍和阿忠死後，懊悔不已的小蓮父親與美術大會評審，彷彿是作者對當時社會的強烈批判。作家也許是愛狗人士，比起龍龍，阿忠的部分包涵更多的社會批判。

跟阿忠同品種的狗兒，幾百年來都是法蘭德斯的勞動犬。他們是奴役中最可憐的奴役。在離世之前都逃不過人類的魔掌，出生就帶著悲慘的命運。

宗教戰爭讓畫家生意不斷

安特衛普的人們現在才送上遲來的關懷。但對他們而言，與其活在世上受苦，死亡更加幸福。這個沒有愛與信任的世界，奪走了一位相信世界的少年，和為愛忠誠的狗。

少年將狗緊緊擁在懷中，沒有人能將他們分離。村民祈求上帝的原諒，將龍龍與阿忠葬在一起，一輩子不分離。

上述是故事的結局，場面非常哀傷。不過，龍龍死前從魯本斯的畫中得到了幸福，因為夢想成為藝術家的龍龍，願望之一就是親眼看到魯本斯的畫。

當時的建築與藝術，因受到貴族與資本家大力資助，正處蓬勃發展的時期，歷史上甚至將其單獨稱作「法蘭德斯畫派」。那麼，法蘭德斯畫家們馬不停蹄創作的原因是什麼呢？首先，經濟發達使得訂單量增大，當人們有閒錢，就會用以支持藝術。加上當時的藝術品並不像現在用來投資，而是具有實質用途。王族、貴族等富人將其掛在牆上，作為家庭裝飾之用；教會則是為了向多數的文盲信徒宣傳教義，經常訂購圖畫或雕刻等作品。

造成藝術作品被大量訂購還有一項重要的歷史因素。當時戰爭引起的破壞接連不斷，導致諸多作品必須大量重新繪製。特別是一六一八年至一六四八年，歐洲宗教戰爭中最慘烈的三十年戰爭，此時與魯本斯的全盛期正好吻合。

在新教徒與舊教徒的拉鋸中，反對偶像崇拜的新教徒大量掠奪及破壞天主教教會的藝術品。名譽掃地的天主教大本營羅馬梵蒂岡，為了恢復威信，與阿爾卑斯山以北的宗教改革抗衡，進而推動反宗教改革運動，巴洛克（Baroque）藝術就是發源於該時期。羅馬教皇、義大利貴族、支持天主教的西班牙哈布斯堡王朝，爭先恐後訂購規模格局驚人、裝飾鋪張華麗的宗教畫及人物畫，以宣示天主教的存在。

龍龍死前所看的〈上十字架〉（*The Elevation of the Cross*）及〈下十字架〉（*The Descent from the Cross*）皆出自魯本斯之手，這兩幅作品以其強烈的構圖聞名。不過作為宗教畫，耶穌過於發達的肌肉線條為其增添了幾分詭譎。魯本斯誇張的畫風，主要是為了強調天主教的力量，該兩幅作品其後也成為巴洛克藝術中的巨作。

魯本斯的作品，至今仍可在安特衛普的聖母主座教堂中看到，教堂前還有一尊魯本斯的銅像。當年魯本斯在家中蓋了作業廠，僱用大量助手，彷彿工廠般大量接單生產。由此看來，魯本斯算是沾了宗教戰爭之光。當然，他作品中優秀的藝術性質也是不容忽視的重點。

〈上十字架〉——彼得・保羅・魯本斯

龍龍臉上泛著淚光，望眼欲穿地盯著那幅被布巾蓋住的畫像，小聲地告訴阿忠：「我太窮了，付不起錢看畫，真是太悲傷了。阿忠啊！魯本斯創作時，應該沒有說窮人不能看這幅畫吧？他應該希望任何人都能欣賞他的畫作吧？竟然用布巾蓋住畫像……蓋住這麼一幅美麗的畫像！在富人掏錢以前，它都被鎖在黑暗之中，不被任何人看見。如果有生之年可以看到這幅畫，我死也無憾。」

龍龍的願望不可能實現，對阿忠而言更不可能。這幅偉大的畫作是〈聖母升天〉（Assumption of Mary）和〈下十字架〉。想觀看畫作，就必須支付銀幣給教堂。像龍龍和阿忠的情況，要賺到足夠的錢，比登上教堂尖塔還難。

進到安特衛普的聖母主座教堂，你會先看見祭壇正後方的〈聖母升天〉，接著兩側則是〈上十字架〉與〈下十字架〉。退到祭壇後方，抬起頭就可看到四十三公尺高的穹形天花板上還有另一幅〈聖母升天〉。現在想進去教堂參觀的觀光客，必須支付兩歐元，就像當年的教堂一樣。這座哥德式教堂的尖塔高達一百二十三公尺，對龍龍和阿忠來說，登頂真不是件簡單的事，賺錢說不定還比較容易一點吧！

註1：本名Marie Louise de la Ramée，一八三九～一九〇八年。英國小說家。

註2：因南韓全羅南道珍島郡的特殊地理環境，而被保存下來的純種犬種。

History in Story

足球與國家歷史

法蘭德斯底下的比利時足球隊，跟韓國的足球隊一樣，都有「紅魔鬼」（Diables Rouges）的稱號。話說到這，順便討論其他國家隊的別稱由來吧！

荷蘭隊的綽號是「橘子軍團」，因為他們的制服是橘色的。不過不出產橘子的荷蘭，為什麼要穿橘色的制服呢？因為荷蘭目前的王室是威廉一世（Willem I，奧蘭治的威廉）的後代，而奧蘭治（Oranje）的祖先，原先是南法奧蘭治公國（Principauté d'Orange）的領主，該地區盛產橘子。

德國隊的別名是「坦克軍團」。原因是二戰時德國的坦克軍團突破法國東邊的馬奇諾防線（Ligne Maginot，嚴格來說並非正面突破，而是從比利時方向進軍突圍）；隔一年，隆美爾（Erwin Johannes Eugen Rommel）帶領坦克軍團，從北非方向大敗英國坦克部隊，才獲得其名。但是，德國人本身並不喜歡外媒稱呼他們為坦克軍團，因為其關聯到二戰的歷史責任。

義大利球隊則是以義大利語「藍色」（Azzurro）的複數，取名為「藍衣軍團」（The Azzurri），顧名思義就是由藍色制服而得名。這不是有點奇怪嗎？義大利共和國的國旗上完全沒有藍色，怎麼會以藍色制服作為國家象徵呢？其實是因為一八一六年，統一義大利的薩丁尼亞王國前身薩伏依王朝，是以藍色作為其代表色，而義大利國家足球隊早成立於義大利共和國建立以前，因此當時的代表色一直沿用至今。

英國代表隊則被稱為「三獅軍團」（The Three Lions），起因是英國足球協會標誌上的三隻獅子。這三隻金光耀眼的獅子是英格蘭的象徵，其中以獅心王理查的徽章最為出名。我想這當中應該也包含了希望足球隊像中世紀騎士代表——獅心王理查一樣勇猛的含義吧！

安妮日記：紙比人更有耐心！

安妮·法蘭克（Anne Frank）[1]

——《安妮日記》（*Het Achterhuis*）

安妮的日記原稿（照片來源：Rodrigo Galindez）。

我回憶起二〇〇四年，去東歐波蘭的奧斯威辛集中營之旅。公車開進寬闊荒涼稻田旁的停車場，乘客們拿著相機紛紛下車。然而當時的我不想參觀內部，只想獨自留在巴士上。豔陽高照的夏日，周圍景觀卻依然陰森，我實在拿不出下車的勇氣。最後因敵不過一個人待在停車場的恐懼，加上同行人不斷勸行，我還是半推半就地下了車。

抬起頭看到集中營門口高掛著「勞動帶來自由」（Arbeit Macht Frei）的納粹口號，雙腳卻開始顫抖。這個地方，就是當年安妮被囚禁的地方啊！

震撼世界的少女日記

一九四二年，住在阿姆斯特丹的少女安妮．法蘭克，十三歲生日時收到一本父親送的紅格紋日記本，孤單的她為日記本取了一個名字，叫做「凱蒂」（Kitty）。

納粹占領荷蘭後，在躲藏的兩年間，她每天持續寫日記。青春期的她，日記裡除了躲藏帶來的痛苦和害怕，也詳細地記錄了對母親的叛逆和對同齡男孩的愛戀之意。一九四四年八月四日，因鄰居告發，讓其藏身處曝了光，她與同住的其他人一起被捉進集中營。最後只有安妮的父親在戰爭中倖存，他回到過往住處，從幫助他們的梅普阿姨手上收到安妮的日記，並於一九四七年出版。

安妮的夢想是成為作家，然而死後，她的日記將永遠活在文學之中。安妮在一九四二年六月二十的日記上引用了俗語：「紙比人更有耐心。」現在看來是正確無誤。

猶太人為什麼會被迫關進集中營？自古到中世紀，歧視猶太人主要源於宗教因素。十九世紀科學逐漸發達，有心人士利用遺傳學和進化論大作文章，反猶太主義開始出現。他們認為猶太人是劣等人種，他們的存在會汙染歐洲民族純粹的血統。這種意識在歐洲迅速擴散，特別是德國，他們將第一次世界大戰的敗仗算在猶太人頭上，借此安慰挫敗的民族自尊。事實上，德國五十五萬名猶太人中，有十萬人參與戰事，但其中僅有一萬兩千名猶太人戰死。然而德國社會早在希特勒掌權以前，就充斥著對猶太人的不滿，為日後納粹的大規模屠殺鋪設了一座舞臺。

德國財政困難，加上一九二九年從美國開始的經濟大恐慌，社會陷入混亂之中。一九三三年，希特勒趁亂掌權。原先住在德國法蘭克福的安妮一家，舉家遷移至荷蘭。一九三八年，養精蓄銳的希特勒攻占奧地利與捷克斯洛伐克，隔年再占領波蘭。在德國的宣戰下，英國與法國也投入戰事，第二次世界大戰正式引爆。

該時期，在希特勒與納粹的統治下，迫害猶太人總共分為五個階段。第一階段是利用猶太人向德意志民族宣戰的藉口，在一九三三年四月展開猶太人抵制運動。第二階段發生在同年九月，納粹在全國黨代會上公開「德意志帝國公民法與血統保護法」，也就是《紐倫堡法案》（*Nürnberger Gesetze*），猶太人開始在官方和法律上遭到歧視。他們失去公民權，不得跟德國人通婚，並遭到隔離。這條法案由希特勒親自通過。接著，一九三八年末進入第三階段迫害，猶太人財產慘遭掠奪。第四階段則與二戰同時展開，猶太人被迫逐出家園，改以食糧配給制度，並禁止使用大眾運輸工具。嚴格的隔離措施，使他們幾乎無法正常生活。一九四一年九月最終的第五階段，要求猶太人佩戴黃色星星標幟，開始大規模強制遣送及人種屠殺。

> ……一九四〇年五月以後，好日子很少。戰爭爆發，荷蘭投降，接著德國人就來了，再接著猶太人的苦難也來了。他們規定猶太人要佩戴黃色星星、交出腳踏車，不能搭電車和汽車。我們只能在下午三點到五點買東西，而且只能去「猶太人商店」。晚上八點到早上六點不能外出，連家裡的庭院也不行。不只如此，我們不能去劇場，不能去游泳、打網球，不能進出任何運動場所。猶太人小孩只能上猶太學校，不能和基督教徒當朋友，不准的事還有好多好多。

雖然安妮舉家遷移荷蘭，暫時逃過生死一瞬，不過猶太人的階段性迫害仍逐漸籠罩安妮一家。一九四〇年五月，希特勒打破中立國的約定，大舉進攻荷蘭。突如其來的攻擊，使得荷蘭在第五天就宣布投降。政府與王室逃亡英國，荷蘭被德國接收。

一開始雖沒有太大的變化，然而一九四一年，荷蘭也開始猶太人迫害行動。直到一九四四年德國解放荷蘭，十四萬名荷蘭猶太人中，有四分之三遭到殺害或流放。安妮一家在一九四四年八月，離解放不久前被發現，被送至奧斯威辛集中營。目睹媽媽和姊姊的死亡，身心俱疲的安妮，輾轉又被送至德國的貝爾森集中營。一九四五年三月，她因營養失調和傷寒死去。希特勒則於該年四月三十日自殺，五月七日德國聯合軍宣布無條件投降。安妮的死真的太令人難過悲傷了……

歷史真相帶來的省思

阿姆斯特丹王子運河路二六三號是安妮的藏身之處。現在每年有超過五十萬名觀光客到訪，想進去必須先等上長長人龍，才能走進那間偽裝成書桌的暗室，參觀安妮躲藏的小房間，為她流下感傷的淚水。但是大部分的讀者都不會到奧斯威辛集中營，參觀他們被囚禁地方。為什麼？我想是既渴求二戰納粹德國的歷史知識，卻又怕內心無法承受吧！好比我在奧斯威辛集中營的停車場躊躇不前的心境一般。

二〇〇四年，我進到奧斯威辛內部參觀。變成展覽廳的收容所內部，充斥著一股說不出的絕望，使我的雙腳無法停止顫抖。看到那條用犧牲者的頭髮織成的地毯，我終於癱坐在位置上，這比起《安妮日記》更令人衝擊。我重新站了起來，走往收容所的另一棟建築。照片上是吉普賽女孩接受絕育手術的畫面。骨瘦如柴的孩子，手臂上寫著德語「軍用品」的縮寫。慘遭活體實驗的吉普賽孩子，只不過是「軍用品」罷了。

在集中營的那天，我才了解到自己內心承擔的極限。但我想自己並不孤獨，應該有不少人和我一樣，想了解二戰時納粹的蠻橫和屠殺，卻又無法承受血淋淋的集中營記載和史料，所以才成為《安妮日記》的讀者。從奧斯威辛回來後，先撇開書籍本身的價值不說，我認為這本書隱藏了很多我們看不見的真實，提供讀者一個恰到好處而不至於內心不適的間接經驗。也許這就是《安妮日記》的副作用吧！

一九四二年十月九日 星期五

凱蒂，今天有個壞消息。蓋世太保[2]，正在大舉捕捉猶太人，用載牲畜的卡車把猶太人送進集中營。……被收容的人，連女生都要剃光頭，再被送進毒氣室毒死。

《安妮日記》裡，她並沒有實際接觸集中營的現實與屠殺，對於納粹的橫行與戰爭的實況，是透過偷聽英國電臺和大人間的談話而來。安妮被抓進集中營以前，也就是在她親身經歷之前，日記早已中斷記載。這位想成為作家的女孩，把藏身暗室的生活描寫得鉅細靡遺，在狹窄空間中，以過人的文采寫下人與人之間的衝突、青春期少女小鹿亂撞的初戀，以及面對戰爭的些微恐懼，僅止於此。

活潑開朗的她，在極端的狀況下仍不失求生的希望。我們誤以為這樣的她得以在奧斯威辛集中營存活下來。而《安妮日記》，可能讓我們以為納粹只有對猶太人進行屠殺，忘了還有一群沒有政府、無法對世界發言的吉普賽人。他們居無定所，沒有正確的統計數字。據說二戰結束後，有一百萬名吉普賽人從歐洲消失。一九三五年通過的《紐倫堡法案》，不止針對猶太人，也同樣套用在吉普賽人身上。還有，我們也忽略了波蘭人的遭遇。波蘭的土地被用來建蓋集中營，而且大約有兩百萬名波蘭人慘遭殺害。

閱讀《安妮日記》時，不只要看到安妮與其家人所歷經的大悲歌，還要能夠反思：為何歷史上總是有一群人為了不合理的原因而草菅人命？說不定猶太人屠殺事件不過是人類內心共同隱藏的一種暴力，只是剛好在希特勒與納粹身上爆發而已。

註1：一九二九～一九四五年。第二次世界大戰納粹屠殺猶太人事件中最著名的受害者，她在躲藏期間所寫的日記被翻譯成多國語言出版，也多次被改編成戲劇或電影。

註2：納粹德國時期的祕密警察，由縮寫 GESTAPO 發音而來。

History in Story

納粹為何讓猶太人戴上黃色星星？

根據一九四一年九月一日下達的《德國猶太人識別標記條例》，六歲以上的猶太人若出現於公共地區，都必須將黃色星星中寫著「猶太人」的徽章佩戴於胸前。

猶太人的星星，是由正三角形和倒正三角形組成的六角星星，猶太教中稱之為大衛星（Star of David），意味著「大衛之盾」（Magen David），象徵「神的守護」。大衛王的兒子所羅門王，將大衛星作為猶太王朝的象徵，至今以色列國旗上仍可看見其蹤跡，卻被納粹拿來作為迫害猶太人的象徵。

至於黃色則是源於中世紀開始的猶太人歧視。一二六七年，維也納聖務院（基督教的最高立法機關）為了分辨猶太人，要求他們戴上黃色尖帽，後來才改在衣服掛上黃色圓形的布料。亮眼的黃色，就是歐洲歷史上歧視的象徵色。

我親愛的甜橙樹，流淌貧窮的血淚

約瑟・德維斯康塞羅（José Mauro de Vasconcelos）[1]

——《我親愛的甜橙樹》（*Meu Pé de Laranja Lima*）

我親愛的甜橙樹——作者不詳。

只要想到《我親愛的甜橙樹》，不禁一陣鼻酸，回憶起當年哭著把書闔上。兒時的我，總替澤澤家的情況感到傷心難過。另一方面，心中又充滿疑惑。書裡雖沒有敘述澤澤家為何如此貧窮，但背後一定藏著什麼祕密，只是當時的我沒發現而已。

調皮搗蛋的澤澤，經常挨打受罵，不過他的內心非常善良。搬家後，所有的孩子都在庭院種了樹，澤澤種了一棵甜橙樹，替它取名為「米奇歐」。

爸爸失業後，媽媽與姊姊必須去工廠上班。聖誕節時，別說是禮物了，澤澤連一頓像樣的晚餐都沒有。澤澤討厭貧窮的爸爸，卻又非常後悔。後來他遇見一位葡萄牙有錢的叔叔，與其成為好友，他成為澤澤心中最大的安慰。這位叔叔卻在一場車禍中喪命，他因衝擊太大而臥病在床。痊癒後，澤澤砍掉那顆甜橙樹，他再也不是懵懂無知的孩子了。

以上是巴西教科書收錄的國民小說——《我親愛的甜橙樹》故事大綱。下面則引自於故事原文。

「所以說我們一家都是好人，為什麼聖嬰不眷顧我們？你去看福哈伯醫生家的餐桌有多大，上面總放滿了食物，維拉斯．波亞斯家也是，萊蒙德伯斯醫生家就更不用說了。」

我第一次看到托托卡哥哥哭了。

「我相信耶穌出生在貧窮人家的馬棚裡，只是為了賣弄。在耶穌眼裡，只有富人才重要。好了，別說了，再說會受到懲罰的。」

澤澤家為何如此貧窮？在基督教最重要的聖誕節，竟然沒有火雞，只有一塊沾了葡萄酒的麵包。小說中把原因歸咎在父親的失業上，但背後卻好似隱藏了許多訊息。澤澤的同班同學也有家世顯赫的孩子，村裡的醫生、葡萄牙叔叔也都是有錢人。為什麼只有澤澤家如此貧困？讓兒時的我泣下沾襟。

壓榨與奴役，解不開的貧窮

我們經常在那裡玩「糖麵包山纜車」。糖麵包山纜車是在繩子上串上鈕釦的遊戲，愛蒙德叔叔都說繩子是線。

糖麵包山（Pão de Açúcar）是巴西里約熱內盧的一座山，這座山的名字隱藏著澤澤家貧窮的真相。

糖類是現代人口中「文明病與肥胖」的元凶，但在過去的歐洲，糖是與銀等價的昂貴貿易品。當時葡萄牙人經過伊比利半島與地中海，與北非的伊斯蘭國家來往頻繁，透過伊斯蘭商人，才將熱帶地區的蔗糖傳入歐洲。「糖」字的變化暗示了這段關係：糖在西班牙語是「Azucar」，阿拉伯語則是「Alzucar」，與伊斯蘭鄰近的西班牙、葡萄牙幾乎沿用了阿拉伯語，而距離伊斯蘭較遠的地區就變形較多，如英文的糖是「Sugar」。

西班牙找出甘蔗的培植法後，占領大西洋前方的加那利群島栽種甘蔗，不過產量有限。因此十六世紀以前，糖是非常昂貴的藥材之一。十七世紀，葡萄牙人在巴西的東北角海岸大量培植甘蔗，使糖成為大眾化產品。西班牙人隨後也立刻在西印度群島種植甘蔗。不過，蔗糖工廠必須動用大量勞工，歐洲的侵略者們當然不可能荼毒自己人。他們雖想壓榨當地勞工，但當時印第安人因歐洲人帶來的傳染病和殘忍的勞動剝削，人口早已大幅減少。

此時，歐洲侵略者們把矛頭轉向非洲人，強押他們前往西印度群島和巴西等地，而北美南部的棉花工廠同樣壓榨奴役黑人。據悉，當時的糖被稱作「白貨物」，而奴隸則稱作「黑貨物」。特別是占領巴西的葡萄牙，因為找不到金礦，為了將利益最大化，經營大面積的蔗糖農場，大量壓榨黑人勞工。韓國社會課本上所說的「種植農業」

（Plantation），就是指當時這種大面積栽種。

西方人壓榨黑奴或當地人栽種熱帶作物，將獲利放進自己的口袋。因此甘蔗種植業發達的巴西，黑人人口及黑人混血比例遠高於其他拉丁美洲地區，占總人口的百分之四十五。

十七世紀，巴西成為世界最大的產糖地，澤澤住的城市因而出現那座以糖取名的「糖麵包山」。這段歷史導致巴西黑人與黑人混血的貧困問題至今仍無法解決。

五百年前統治者留下的困境

目前還在使用的「拉丁美洲」與「印度人」（Indios，此處指美洲原住民），我個人認為並不是太恰當。墨西哥以南的地區之所以被稱為拉丁美洲國家，是因為早期他們屬於西班牙與葡萄牙的殖民地。西班牙與葡萄牙屬於南歐拉丁人種，他們的語言是拉丁語系的分支，而他們統治下的地區被稱為「拉丁美洲」。

這個名稱是拿破崙三世為強調南美地區的拉丁種族，動用學者創造的新用語，但是這個名稱卻無法反映出對歷史貢獻極大的黑人人口比例，因此部分學者主張，拉丁美洲應該正名為「拉非美洲」（Latin-Afro America）。

至於「印度人」的稱呼又是從何而來呢？一四九二年哥倫布以為自己抵達的是印度，後來才發現該地是新大陸，才把原來的印度改名為「東印度」，稱美洲大陸為「西印度」，因此各國在亞洲的貿易公司明明不在印度東邊，也取名叫「東印度公司」，而美洲大陸的原住民，也就變成「印度人」了[2]。其後各國因母語發音而有些差異，英國人稱美洲原住民為「印第安」（Indian），西班牙與葡萄牙則稱之為「印第奧」（Indio）。

來到拉丁美洲的西班牙與葡萄牙男性們，在伊比利半島歷經過與伊斯蘭教徒的戰爭，使得他們民族意識極強，種族偏見非常嚴重。但由於現實或其他被迫原因，他們會與美洲原住民女子結合，生出的混血兒被稱為「麥士蒂索人」（Mestizo），占巴西與西印度群島人口的大多數。但是這些白人男性在事業穩定後，會再與白人女子正式結婚，他們生下的白人後裔被稱為「克里奧人」（Criollo），是現在拉丁美洲主要的統治階層。白人和非洲人的混血兒則稱為「穆拉托人」（Mulatto），而美洲原住民與黑人混血則稱作「桑博人」（Zambo）。如前文所說，巴西因蔗糖產業，非洲黑奴後裔占人口比例的多數。

十九世紀以後，一八二一年至一八二二年間，受到美國獨立運動和法國革命的影響，再加上不滿母國的干涉，拉丁美洲的克里奧人發起獨立運動。此時正值發瘋的拿破崙大舉侵略伊比利半島之際。本國發生戰爭後，對殖民地的干政相對鬆懈，拉丁美洲抓準時機，獨立運動相對順利的進行。

然而，手握兵權的克里奧人，掌控了新興國家的權利，動盪的政治加上不平等的經濟結構，使得拉丁美洲各國問題不斷，至今仍無解決之道。克里奧人即便手上握有大面積的土地，仍持續掠奪偏鄉貧窮混血兒的土地。無處可去的混血兒只好遷移至大城市周邊，淪為勞工。過剩的人力導致城市低薪與失業問題不斷。貧窮家庭的孩子無法接受教育，只能繼續過窮困潦倒的生活。澤澤家的貧困就源於這樣的歷史淵源。

「可是你的皮膚很白，頭髮又是金色的。」

「那是因為我是葡萄牙混血。其實我媽媽是棕皮膚、黑頭髮的印度人。」

我覺得媽媽看起來很可憐。我甚至懷疑她是出生來工作的，到現在她還是不斷在工作。媽媽從五歲開始就在工廠工作，她說那時候她還太小，連擦書桌都要爬上書桌才擦得到。她當然沒上過學，連學會認字的機會都沒有。

「是的，老師，多洛提拉比我還窮。因為她是黑人又很窮困，所以其他孩子都不跟她玩。她每天都一個人蹲坐在角落。我把老師買給我的餅乾分給她吃了。」

澤澤的媽媽是印度人，比澤澤更窮的多洛提拉是黑人。混血人種的貧困問題，導因於五百年前西班牙和葡萄牙統治者留下的歷史與社會結構問題，在巴西和其他拉丁美洲國家不斷發生。

拉丁美洲唯一使用葡萄牙語的國家

「孩子，你是世界上最膽大包天的人，竟敢直呼我為『葡仔』。」

「這樣比較親切嘛！」

澤澤總稱忘年之交的葡萄牙人叔叔為「葡仔」，其實這是貶低葡萄牙人的稱呼。中學世界史課本裡，總會提到拉丁美洲除了巴西使用葡萄牙文以外，其

巴西里約熱內盧的糖麵包山。

餘都使用西班牙文。難道拉丁美洲國家裡只有巴西受過葡萄牙統治嗎？

一四九二年哥倫布發現新大陸後，西班牙與葡萄牙爭先恐後想取得殖民地的所有權。當時的教宗亞歷山大六世（Pope Alexander VI）於一四九三年站出來協調。以非洲往西一百里格（League，約五百公里）的子午線作為分界，西邊屬西班牙，東邊屬葡萄牙。但是這項協調僅對西班牙有利，葡萄牙持續發表強烈的抗議。

因此一年後，一四九四年教宗將分界線往西移動三百七十里格（約一千八百五十公里）。這項條約在西班牙托爾德西里亞斯簽訂，被稱為《托爾德西里亞斯條約》（*Tratado de Tordesillas*）。條約簽署後，巴西成為葡萄牙在拉丁美洲的唯一領地，因此至今巴西仍是拉丁美洲唯一使用葡萄牙語的國家。

回到正題，當澤澤與弟弟路易士眼睜睜看著富有的白人家族坐上糖麵包山纜車時，內心該有多難過？糖麵包山，多麼具有異國情調的名字，背後的歷史卻令人鼻酸。

註1：一九二〇～一九八四年。巴西作家，幼時清貧，曾從事過搬運工、拳擊手、漁夫、小學老師等各種工作，二十二歲開始寫作，著有多部小說，部分作品還被改編為戲劇。

註2：哥倫布誤將此地的土著居民稱作「印度人」，後人雖然發現是錯誤，但是該稱呼已普及，所以英語和其他歐洲語言中稱印第安人為「西印度人」，在必要時為了區別，稱真正的印度人為「東印度人」。

History in Story

為什麼南美洲有那麼多的白人原住民混血兒？

為什麼北美洲不像南美洲有如此多的混血兒？北美的白人大多是為了追尋信仰自由或工作因素，舉家遷移至殖民地進行開拓。相反地，前往中南美地區的西班牙和葡萄牙人，多數是為了逆轉人生的單身漢。

單身的他們，期望自己可以成功歸國，或與本國女子結婚，一同移民，又或是和當地的白人女子通婚。因此他們多數不結婚，只壓榨印第安女性，滿足性需求。許多白人原住民混血兒就是在這個過程中誕生。

另一個原因是南美洲的「監護征賦制」（Encomienda）。殖民初期，西班牙王室授與當地西班牙人管理一定數量的原住民，並間接給予利益。受到王室委託的西班牙人必須保護原住民，並有責任引導他們信仰天主教。相對地，他們可以免費使喚原住民從事勞動、農作或採礦等工作。在務農或為其勞動的過程中，原住民女性產生了與白人男子接觸的機會，在半推半就或暴力威脅之下，誕生了許多麥士蒂索人。

白鴿、許願樹、精靈和玻璃鞋……
來自世界的灰姑娘

夏爾·佩羅（Charles Perrault）

——《灰姑娘》（*Cendrillon*）

格林兄弟（Jacob Ludwig Carl Grimm & Wilhelm Carl Grimm）

——《灰姑娘》（*Aschenputtel*）

灰姑娘——卡爾·奧夫特丁格（Carl Offterdinger）。

落葉紛紛飄散，
冬季漫長的夜，
我和母親並肩齊坐，
聽她訴說古老的故事。

我是怎麼誕生的？
要聽聽看嗎？
不要問吧。來日，
待我成為父母就會懂了吧？

——韓國詩人金素月〈父母〉

幾年前，我偶然聽到一首由〈父母〉改成的歌曲，一瞬間我感覺全身細胞倏地甦醒，這首歌迅雷不及掩耳地衝入我的身體，心頭一陣狂熱。我想起去世的外婆。小時候，外婆經常到家裡住，我總是跟她睡同一間房，聽著外婆的故事長大。一九七〇至八〇年代，那時還有分炕梢、炕頭[1]，冬天夜晚我坐在坑頭剝著冷冰冰的橘子，聽外婆說著精彩的故事。不管是故事裡的人，還是說故事的外婆，又或是聽故事的我，無一不使我驚奇。

歲月流逝，直到聽到〈父母〉這首歌，才喚起我和外婆的回憶。回想起來，我的成長歲月算是幸運，同時經歷過文字和影像、記錄文學和口傳文學的年代，藉由各種方式聽故事，樂在其中。

我聽著最純粹的西洋童話成長，成為故事改編前的末代讀者，同時也是結合各國故事的世界名著第一代讀者。一九八〇年代後，彩色電視上的世界名著卡通伴隨著我長大，看到許多單靠文字難以想像的畫面。基督教的娘家和佛教的夫家，讓我同時經歷《舊約聖經》和《三國遺事》[2]的世界。想起來，我還真是接觸過各式各樣的故事。

現在的孩子被學校和補習班壓得喘不過氣，沒有時間閱讀，單靠手機和電腦接觸世界。他們能和我一樣從豐富多采的故事中成長嗎？現在影像故事多數過於偏頗，讓我不禁為他們擔心。連我現在要說的故事《灰姑娘》，當今也都是加油添醋過後的版本。

灰姑娘存在的真義

灰姑娘，最早源自於中國唐朝筆記小說《酉陽雜俎》中的〈葉限〉，據說這則故事是從中國流傳到西亞，最後才傳入歐洲。不過目前為止，中國版本的說法只是傳說，灰姑娘的起源與傳播，至今尚無定論。

可以確定的是，歐亞大陸每個民族間都有不同版本的灰姑娘。包括有韓國版灰姑娘之稱的《大豆紅豆傳》，全世界約有一千多個不同的灰姑娘故事，光是歐洲就有超過五百種版本，其中最具代表性的就是夏爾·佩羅版和格林兄弟版。

一八一二年，德國的格林兄弟發行的《灰姑娘》故事大綱如下：

「Aschenputtel」就是「灰姑娘」的意思。灰姑娘的生母過世後，她睡在灰燼上，每天被繼母和兩位姊姊呼來喚去。

灰姑娘在媽媽的墳旁種了一棵榛子樹，每天以淚洗面，淚水灌溉了榛子樹，使它長得又高又大。

她每天會到墳前祈禱三次，某天突然出現一隻白鴿，實現了她的願望。

某一年王子為了選妃而舉辦舞會。然而舞會當天，繼母卻把一斗豆子倒入灰燼中，要灰姑娘一顆一顆撿出來。

此時白鴿出現，灰姑娘與鳥兒們同心協力，很快就將豆子挑完了。她回到榛子樹前祈禱，得到了一件禮服和一雙金鞋，便獨自前往舞會。

王子對灰姑娘一見鍾情，想送灰姑娘回家，她卻趁機落荒而逃，換上原本的髒衣服，把自己藏起來。

舞會第二天，她還是逃走了。

第三天，王子在樓梯上塗了松脂，灰姑娘掉了一隻鞋，王子便拿著那隻鞋四處尋找灰姑娘。

姊姊們的腳太大，鞋子根本不合腳。繼母為了讓姊姊穿上，割去了姊姊的腳後跟。穿上鞋子的姊姊差點就成為王子的新娘，所幸在白鴿的幫忙下，王子才終於找到灰姑娘。

王子並沒有被她的衣衫襤褸嚇到，而是立刻向她求婚。

灰姑娘結婚當天，姊姊們的雙眼遭到鳥群攻擊，最後變成盲人。

仔細看這一版《灰姑娘》，會發現裡面充滿疑點。首先，繼母與姊姊的虐待，意味著兄弟姊妹爭寵發生的劇烈衝突，如實地描繪出該年代的現實情況。實際上，當時因為死亡率極高，在繼母膝下成長的情況非常普遍。灰姑娘全身沾滿灰燼、衣衫襤褸的樣子，彷彿象徵了穿上壽衣戴孝的孝女。

從灰姑娘的內心世界來看，她是懂得自我安慰的女強人。在母親墳旁的那棵願望之樹，以及母親靈魂幻化的白鴿，意味著孩子在成長期遇到困難時，母親的愛與兒時美好的記憶，會成為孩子強大的力量。擔心王子愛上的只是表面的美麗，因此三度從王子面前落荒而逃。王子找上門時，灰姑娘毫不避諱地身穿破衣，站在他的面前。

即便割下腳跟的姊姊們穿著再怎麼華麗，王子對灰姑娘仍然忠貞不移，代表著內在美比外在美重要。在沒有女性職場的年代，透過婚姻改變社會地位的故事，成為少女們對未來的憧憬和克服現實的力量。

教育普及以前，歐洲的孩子幾乎沒有接受文字教育的機會。除了宗教教育以外，幾乎無法在其他教育機構裡接受正規教育。他們大多從同住的父母或祖父母等周遭成年人身上獲得學習。工業革命以前，父母大多在家中或家裡附近工作，孩子與父母幾乎形影不離。在那樣的時代裡，流傳下來的故事成為孩子成長混亂期裡的明燈，具有建立價值觀的教育功能。

也就是說，原版的灰姑娘故事是用以告訴孩子們，母親逝世或受到不當待遇等狀況下，應該如何克服、堅強成長，且故事的最後也清楚地描述了成長後會得到的報償。因此灰姑娘的「成長歷程」，才是原版故事想告訴我們的真理。

從毛皮鞋變玻璃鞋的金髮少女

但是大眾熟悉的灰姑娘版本並不具有教育功能，甚至讓人擔心會為少女們帶來負面影響。現在讓我們從法國作家夏爾·佩羅的《灰姑娘》開始說起。

一六九七年，法國人夏爾·佩羅集結各方古老口傳故事，發行了《附道德訓誡的古代故事》（副題為「鵝媽媽的故事」），裡面收錄了《灰姑娘或小玻璃鞋》（*Cendrillon ou la Petite Pantoufle de Verre*）。該版本最大的特色就是那雙玻璃鞋。民間故事中的毛皮鞋（Vair）變成了玻璃鞋（Verre），究竟是夏爾·佩羅的失誤、誤解還是故意，眾說紛紜。總之比起原先那雙毛皮鞋，玻璃鞋為童話添加了更多的幻想。

然而夏爾·佩羅筆下的灰姑娘，是全世界眾多灰姑娘中依賴性最高且最軟弱的灰姑娘。在精靈出現替她解決問題前，故事中的灰姑娘只顧著哭泣，什麼都不做。離開舞會、避開王子的視線，都不是經由灰姑娘的主觀判斷，而是精靈規定她午夜時分必須回到家中。她在精靈的囑咐下換回原本的衣裳，卻還是戰戰兢兢深怕謊言被揭穿。連王子出現的時候，她都沒有以衣衫襤褸的樣貌出現，而是由精靈為她換上華麗的衣裳。王子一眼認出美麗的灰姑娘，才向她求婚。

如此一來，原本灰姑娘的美德不就蕩然無存了嗎？

弗雷德里克筆下的格林兄弟版灰姑娘。

灰姑娘的原始魅力，就在於孤苦無依的女孩從逆境中成長，並找到自我，最後功成名就的故事情節。然而夏爾・佩羅的《灰姑娘》，創造出過往不曾有的玻璃鞋、精靈奶奶、老鼠侍從等幻想元素，把真正重要的寓意拋諸九霄雲外。

而且這部變化最大的法國版灰姑娘，卻成為世界上最著名的灰姑娘。一九五〇年，迪士尼改編了夏爾・佩羅的《灰姑娘》，發行了長篇動畫《仙履奇緣》（*Cinderella*），灰姑娘從原本的名字，更改為英文「仙杜瑞拉」。

英國畫家弗雷德里克・霍爾（Frederick Hall）畫中的灰姑娘，也屬於勤勉工作的純樸農家少女。格林兄弟的童話集裡，隱藏了德國知識分子期望國家統一、富強的憧憬。為了下一代的教育，德國童話裡傳達給女孩們的不是懦弱無能的公主，而是健康勤奮的女性魅力。

然而面紅、手粗、充滿女性美的日耳曼少女，在迪士尼動畫裡，卻變身為纖細柔弱的金髮公主。加上美國的引領，使她成為世上獨一無二的灰姑娘代表。那位堅守職責、正面樂觀、堅忍不拔的少女，從此消失得無影無蹤。剩下的只有坐享其成、凡事靠別人幫忙的「灰姑娘情結」（Cinderella Complex）而已。

找出散落世界的灰姑娘

男孩從出生開始，就接受養成獨立的教育。然而女孩卻只學到一條既定的人生道路——等待某時、某刻、某人的營救。這種如同童話故事般的思想，根深蒂固地烙印在我們的腦海裡。

> 其實，女性也可以為自己做決定。可以上學、工作、旅行，也可以賺大錢。然而處事時，女性堅強獨立的一面卻經常遭到侷限。
>
> 出現她們在腦海裡的，只剩下兒時被灌輸的童話。女性們相信只要堅持，一定會出現某位王子，把她從生命的徬徨中救出（而男孩們學到的是「只有自己能救自己」）。
>
> ——出自柯莉特．陶琳（Colette Dowling）
> 《灰姑娘情結》（*Cinderella Complex*）

一九八一年，美國作家柯莉特．陶琳藉由童話角色灰姑娘，發行了《灰姑娘情節》

一書，探討女性對獨立的恐懼。灰姑娘從此轉為負面的女性代名詞，用來指稱那些不努力、只等著白馬王子帶自己逃離現實來改變人生的女性。

電影或連續劇裡，至今仍不斷上演著相同的情節，而這些故事的起源，就是來自於迪士尼和夏爾·佩羅的灰姑娘。

我們可以從格林兄弟的灰姑娘中，體會原版故事隱含的共同寓意——「不為現實所屈服，韜光養晦，最後總會得到鋒芒畢露的機會。對生命永懷希望，勇往直前」。至今在西歐，不論書籍或戲劇，只要擁有這種精神的人，不管男女老少，都會被稱為「灰姑娘」。

擁有共同主軸的口傳故事，本來就會因為時代和地方差異而產生諸多版本。不過現在全世界的孩子眼裡，只存在著迪士尼與夏爾·佩羅的灰姑娘。這種現象就像麥當勞統治世界，影響孩子的飲食和思考，誘發肥胖問題一樣，非常危險。扼殺了孩子體會故事多方面的解析與成長的權利。

註1：韓國傳統使用火炕取暖，炕梢指火炕末端較不溫暖的地方，炕頭指前端較為溫暖之處。

註2：由高麗時代國師一然所編撰，以新羅、高句麗、百濟三國為記述對象的史書。

希望大家能夠欣賞各個民族間不同版本的灰姑娘。這當中不僅能看出該時期的歷史與社會背景，還能影響後人的世界觀與價值觀。

千萬別讓自己陷入灰姑娘情結，只接觸沒有寓意的版本。我們每個人都有遇見其他灰姑娘的權利，也有權利透過不同的故事來了解世界，一同成長。

History in Story

《大豆紅豆傳》不是韓國的傳統童話？

灰姑娘的故事，在歐亞大陸有超過約一千種的版本，然而在非洲、大洋洲、美洲卻沒有她的蹤跡，有的只是帝國主義侵略時，西歐傳教士傳入的版本與當地民間傳説結合的故事。

《大豆紅豆傳》被稱為韓國版的灰姑娘。原著中大豆遭到繼母虐待，一雙繡花鞋證明了她的身分，最後結婚，過著幸福的日子。前大段和歐洲的灰姑娘故事如出一轍，然而後半部卻相差甚遠。大豆雖透過考驗和縣令成親，卻掉入紅豆的陷阱，失去了生命，最後她重新復活，向紅豆和繼母報仇。這是灰姑娘裡沒有的橋段。大豆為了報仇，用紅豆的屍體醃製醬料，再將其寄給繼母的劇情，和中國、越南、日本等東亞地區的「灰姑娘」較為相似。

韓語文學界認為，大豆紅豆的故事具備東亞地區故事的共同要素，並在傳統故事《薔花紅蓮傳》的繼母角色上，結合開化時期傳入的灰姑娘故事。因此，《大豆紅豆傳》也許不是純粹的韓國傳統童話故事。

參考文獻

本書中的童話名著，我並沒有特別標示出處，因為它們大部分引用自我兒時讀過的《世界名著童話全集》，以及我侄子的《奇坦教育全集》。其外部分，引用出處如下：

- 格爾達．勒納（二〇〇七）《歷史中的女性主義》（暫譯，*The Creation of Feminist Consciousness: From the Middle Ages to Eighteen-seventy*）。金仁成譯。韓國。平民社。
- 菊池良生（二〇一〇）《神聖羅馬帝國》（暫譯）。李景德譯。韓國。別的世界。
- 菊池良生（二〇一一）《傭兵兩千年的歷史》（暫譯）金淑怡譯。韓國。蘋果樹。
- 金祥根（二〇〇七）《從人物出發看基督教歷史》（暫譯）。韓國。評論文化社。
- 金祥根（二〇〇七）《基督教的歷史》（暫譯）。韓國。評論文化社。
- 金福來（二〇〇四）《有趣的巴黎歷史漫步》（暫譯）。韓國。Bookfolio。
- 金昊淵（二〇〇九）《優生學與基因對政治歷史的影響》（暫譯）。韓國。晨露。
- 權洪宇（二〇〇八）《富的歷史》（暫譯）。韓國。人物與思想社。
- 羅鐘一等（二〇一二）《英國的歷史》（暫譯）。韓國。宇宙。
- 丹妮拉．麥爾等（二〇〇四）《毛髮》（暫譯，*Von der Kunst, Locken auf Glatzen zu drehen. Eine illustrierte Kulturgeschichte der menschlichen Haarpracht*）。韓國。作家精神。
- 巽孝之等（二〇一一）《新大陸之夢與美國文學》（暫譯）。韓國。熊津知識之家。
- 羅伯特．德洛爾（一九九九）《中世紀西洋的人生與生活》（暫譯，*La vie au Moyen Age*）。金東燮譯。韓國。新米。

- 理查德．申克曼（二〇〇三）《美國史的傳說、謊言與捏造的神話》（暫譯，*Legends, lies, and cherished myths of american history*）。李鐘珉譯。韓國。未來 M&B。
- 林恩．昆都（一九九九）《法國革命的家族羅曼史》（暫譯，*The family romance of the French Revolution*）。韓國。新浪潮。
- 馬克．布洛克（二〇〇一）《封建社會》（暫譯，*La Societe feodale*）。韓國。韓吉社。
- 瑪莉佛．布魯克（二〇〇〇）《德國歷史的分裂與統一》（暫譯，*A Concise History of Germany*）。韓國。蓋馬高原。
- 宮崎正勝（二〇〇五）《從地理地名地圖了解世界史》（暫譯）。韓國。Ida Meida。
- 朴枝香（二〇〇五）《打造英雄》（暫譯）。韓國。人文主義。
- 朴枝香（二〇〇六）《英國就是英國》（暫譯）。韓國。耆婆　。
- 朴洪圭（二〇〇五）《莎士比亞的帝國主義》（暫譯）。韓國。青與藍 Media。
- 朴洪圭（二〇〇七）《與唐吉軻德一起瘋狂》（暫譯）。韓國。浮雕。
- 貝恩德．英格瑪．古特伯賴特（二〇〇八）《大錯特錯！五十則歷史故事的真相》（暫譯，*Irrtum! 50 Mal Geschichte richtiggestellt*）。李智英譯。韓國。Yeol-Eumsa。
- 沃爾夫岡．賓士（二〇〇五）《猶太人的歷史形象》（暫譯，*Bilder vom Juden*）。尹容善譯。韓國。藍色歷史。
- 沃爾夫岡．赫萊斯等（二〇〇五）《書 VS. 歷史》（暫譯，*Bucher die geschichte machtenn*）。白珍峩譯。韓國。藍色歷史。
- 布萊恩．萊維克（二〇〇三）《歐洲的獵巫行動》（暫譯，*The Witch-hunt in Early Modern Europe*）。金東順譯。韓國。松樹。
- 布魯斯．莫蘭（二〇〇六）《知識的蒸餾》（暫譯，*Distilling Knowledge*）。崔愛里譯。韓國。智浩。
- 布魯諾．貝特罕（一九九八）《童話的魅力：我們為什麼愛上童話？從〈小紅帽〉到〈美女與野獸〉，第一本以精神分析探索童話的經典研究》（暫譯，*The Uses of Enchantment: The Meaning and Importance of Fairy Tales*）。金玉順譯。韓國。時空少年。
- 布魯斯．科明斯（二〇一一）《美國霸權的歷史》（暫譯，*Dominion from sea to sea*）。朴晋彬譯。韓國。西海文集。
- 薩比娜．梅爾基奧爾 - 博奈（二〇〇一）《鏡像的歷史》（暫譯，*Histoire du miroire*）。尹珍譯。韓國。Ecolivers。
- 塞斯．萊雷（二〇一一）《兒童文學的歷史》（暫譯，*Children's literature*）。姜敬里譯。韓國。理論與實踐。

- 史蒂芬・茨威格（二〇〇九）《異端的權利》（暫譯，*Castellio gegen Calvin oder Ein Gewissen gegen die Gewalt*）。安仁熙譯。韓國。Bao。
- 史蒂芬・茨威格（二〇〇五）《斷頭王后：革命與婚姻的雙重悲劇》（暫譯，Marie Antoinette : the portrait of an average woman）。朴廣子等譯。韓國。荍荚。
- 史蒂芬・茨威格（二〇〇八）《瑪麗・斯圖亞特傳》（暫譯，*Marie Stuart*）。朴廣子等譯。韓國。Imago。
- 悉尼・胡克（二〇〇〇）《歷史與人類》（暫譯）。閔錫泓譯。韓國。乙酉文化社。
- 鹽野七生（二〇〇二）《文藝復興的女人們》（暫譯）。金碩禧譯。韓國。韓吉社。
- 鹽野七生（二〇〇二）《海都物語：威尼斯一千年（上下冊）》（暫譯）。鄭導淵譯。韓國。韓吉社。
- 薇洛妮卡・威治伍德（二〇一一）《三十年戰爭一六一八～一六四八》（暫譯，*The thirty years war*）。南景泰譯。韓國。人文主義。
- 阿部謹也（二〇〇八）《哈梅恩吹笛子的男人》（暫譯）。楊億冠譯。韓國。韓吉社。
- 阿部謹也（二〇〇五）《漫步於中世紀歐洲》（暫譯）。楊億冠譯。韓國。韓吉社。
- 阿部謹也（二〇〇七）《中世紀的旅人們》（暫譯）。吳政煥譯。韓國。韓吉社。
- 艾琳・波沃爾（二〇一〇）《中世紀的女人們》（暫譯，*Medieval women*）。李鍾仁譯。韓國。快樂想像。
- 安德烈亞・阿羅馬蒂科（一九九八）《鍊金術：偉大的奧祕》（暫譯，Alchimie, le grand secret）。韓國。時空社。
- 安仁熹（二〇〇三）《北歐神話之華格納與希特勒》（暫譯）。韓國。民音社。
- 安仁熹（二〇〇七）《安仁熹的北歐神話 1、2、3》（暫譯）。韓國。熊津知識之家。
- 亞歷西斯・德・托克維爾（二〇〇六）《舊制度與大革命》（暫譯，*L'Ancien Régime et la Révolution*）。李英宰譯。朴泳津。
- 亨麗埃特・阿賽歐（二〇〇三）《吉普賽人》（暫譯，*Les Tsiganes : Une destinée européenne*）。金周經譯。韓國。時空社。
- 安妮・薩默塞特（二〇〇五）《伊麗莎白一世》（暫譯，*Elizabeth 1*）。南景泰譯。韓國。原野。
- 楊太子（二〇一一）《中世紀的胡同小巷》（暫譯）。韓國。伊朗。
- 愛德華・福克斯（二〇〇一）《歐洲風化史 3》（暫譯，*Illustrierte sittengeschichte vom mittelalter bis zur gegenwart : Die*）。李基雄等譯。韓國。喜鵲學堂。

- 伊迪斯．恩南（一九九七）《中世紀歐洲的城市》（暫譯，*Die europäische Stadt des Mittelalters*）。安相俊譯。韓國。宇宙學術。
- 艾瑞克．霍布斯邦（二〇〇四）《盜匪》（暫譯，Bandits）。李秀英譯。韓國。民音社。
- 艾瑞克．霍布斯邦（一九九八）《民族與民族主義》（暫譯，*Nations and nationalism since 1780*）。姜明世譯。韓國。創批。
- 艾瑞克．霍布斯邦等（二〇〇四）《被發明的傳統》（暫譯，*The Invention of Tradition*）。朴枝香譯。韓國。人文主義。
- 恩立克．杜賽爾（二〇一一）《一四九二年對他人的掩蓋》（暫譯，*1492:el encubrimiento del otro*）。朴秉圭譯。韓國。綠雨。
- 奧利維爾．克里斯丁（一九九九）。《宗教改革》（暫譯，*Les Réformes . Luther, Calvin et les protestants*）。蔡契屏譯。韓國。時空社。
- 約翰．赫伊津哈（一九九七）《中世紀的秋天》（暫譯）。韓國。文化與知性社。
- 梅田修（二〇〇六）《人名的故事》（暫譯）。魏政訓譯。韓國。Papier。
- 梅田修（二〇〇六）《地名的故事》（暫譯）。魏政訓譯。韓國。Papier。
- 尹德諾（二〇〇七）《飲食雜學字典》（暫譯）。韓國。Bookload。
- 威廉．L．蘭格爾（二〇〇一）《從荷馬到唐吉訶德》（暫譯，*Perspectives in western civilization*）。朴相益譯。韓國。藍色歷史。
- 李景德（二〇〇六）《環繞著我們的東西洋神話》（暫譯）。韓國。四季。
- 李景德（一九九九）《神話中的惡與惡魔》（暫譯）。韓國。東延出版社。
- 李相信（二〇〇一）《西方史學史》（暫譯）。韓國。新書苑。
- 李星衡（二〇〇三）《哥倫布為什麼去西方？》（暫譯）。韓國。喜鵲。
- 李鍾完（二〇一二）《哈布斯堡王朝的滅亡與興衰》（暫譯）。韓國。公州大學出版部。
- 讓．馬里尼（一九九九）《吸血鬼：暗夜裡尋找生命》（暫譯，*Le réveil des vampires: Sang pour sang*）。張東賢譯。韓國。時空社。

●讓・馬里尼（二〇一二）《吸血鬼的魅惑》（暫譯，*La fascination des vampires*）。金熙珍譯。韓國。文化小區。

●讓・偉爾東（一九九九）《中世紀之夜》（暫譯，*La nuit au Moyen Age*）。李秉旭譯。韓國。理學社。

●尚・歐立厄等（二〇〇五）《凱薩琳・德・麥地奇》（暫譯，*Catherine de Médicis*）。李載賢譯。韓國。原野。

●雅克・勒高夫（二〇〇八）《中世紀文明（四〇〇~一五〇〇年）》（暫譯，*Medieval civilization, 400-1500*）。柳熙秀譯。韓國。文化與知性社。

●傑佛瑞・伯頓・羅素（二〇〇四）《巫術的歷史》（暫譯，*A history of witchcraft*）。金恩珠譯。韓國。文藝復興。

●全國歷史教師協會（二〇一〇）《與美國史的第一次接觸》（暫譯）。韓國。人文主義。

●鄭美善（二〇〇九）《從戰爭反觀世界史》（暫譯）。韓國。銀杏樹。

●趙景元等（二〇〇四）《西洋教育的理解》（暫譯）。韓國。教育科學社。

●趙東一（二〇〇四）《韓國小說——理論》（暫譯）。韓國。知識產業社。

●喬治・杜比（二〇〇五）《偉大的騎士：威廉・馬歇爾》（暫譯，*william marshal the flower of chivalry*）。鄭秀賢譯。韓國。韓吉社。

●喬治・勒費弗爾（二〇〇〇）《八九年》（暫譯，*Quatre-vingt-neuf*）。閔錫泓譯。韓國。乙酉文化社。

●何塞普・豐塔納（二〇〇〇）《鏡子下的歐洲》（暫譯，*Europa ante el espejo*）。金元中譯。韓國。新浪潮。

●約翰・哈維（二〇〇八）《穿黑衣的人》（暫譯，Men in Black）。崔聖淑譯。韓國。深山。

●朱剛玄（二〇〇八）《赤道的沉默》（暫譯）。韓國。金英社。

●朱京哲（二〇〇八）《深藍帝國：海洋爭霸的時代一四〇〇—一九〇〇》（暫譯）。韓國。首爾大學出版部。

●朱京哲（二〇〇九）《命運的海洋》（暫譯）。韓國。如山。

●朱京哲（二〇〇三）《荷蘭》（暫譯）。韓國。如山。

●朱京哲（二〇〇五）《文化反觀世界史》（暫譯）。韓國。四季。

●朱京哲（二〇〇五）《灰姑娘千年的旅行》（暫譯）。韓國。如山。

●朱京哲等（二〇一一）《近代歐洲的形成》（暫譯）。韓國。喜鵲。

●車龍九（二〇一一）《探索中世紀歐洲的女性》（暫譯）。韓國。韓吉社。

- 凱倫・阿姆斯特朗（二〇〇五）《神話簡史》（暫譯，*A Short History of Myth*）。李多熙譯。韓國。文化小區。
- 卡洛・赫爾斯托斯基（二〇一一）。《披薩的全球史》（暫譯，*Pizza : a global history*）。金智善譯。韓國。人文主義。
- 史蒂文・托皮克等（二〇〇三）《貿易打造的世界：社會、文化、世界經濟，從一四〇〇年到現在》（暫譯，*The World That Trade Created: Society- Culture- And The World Economy- 1400 To The Present*）。朴光植譯。韓國。深山。
- 科萊特・道林（二〇〇二）《灰姑娘情結》（暫譯，*Cinderella complex*）。李浩閔譯。韓國。國家院。
- 科林・瓊斯（二〇〇一）《劍橋插圖法國史》（暫譯，*The Cambridge illustrated history of France*）。房文淑等譯。韓國。時空社。
- 克里斯多福・杜格根（二〇〇一）《義大利的統一祕辛》（暫譯，*A concise history of Italy*）。金貞河譯。韓國。蓋馬高原。
- 克里斯丁・艾律赫（一九九八）《凱爾特族》（暫譯，*L'Europe des Celtes*）。韓國。時空社。
- 克里斯丁・阿爾瑪菲（二〇〇四）《如何塑造英雄》（暫譯）。成白庸譯。韓國。Acanet。
- 克萊夫・彭廷（二〇一〇）《綠色世界史》（暫譯，*A new green history of the world*）。李珍雅等譯。韓國。網目。
- 帕特里克・J・格里（二〇〇二）《民族的神話之危險的遺產》（暫譯，*The Myth of Nations : The Medieval Origins of Europe*）。李鍾璟譯。韓國。伽藍企畫。
- 彼得・阿恩斯（二〇〇六）《歐洲風暴》（暫譯，*Sturm über Europa*）。李才源譯。韓國。Cogito。
- 浜本隆志（二〇〇四）《從文章裡看歐洲史》（暫譯）。朴宰憲譯。韓國。月與牛。
- 霍華德・津恩等（二〇〇八）《霍華德・津恩的美國史》（暫譯，*A Young People's History of the United States*）。金永鎮譯。韓國。秋收田野。
- 許仁（二〇〇五）《義大歷史》（暫譯）。韓國。在未來。
- 赫爾伯特・內特（一九九八）《聖女貞德》（暫譯，*Jeanne d'Arc*）。李恩愫譯。韓國。韓吉社。
- 亨利・E・西格里斯特（二〇〇五）《疾病與人類文明》（暫譯，*Civiliaztion and Disease*）。李熙媛譯。韓國。身與心。

Fantastic 17

童話裡隱藏的世界史

原著書名 / 백마 탄 왕자들은 왜 그렇게 떠돌아다닐까
作　　者 / 朴信英
翻　　譯 / 蔡佩君
責任編輯 / 何若文
特約編輯 / 潘玉芳
美術設計 / 謝富智
版　　權 / 邱珮芸、翁靜如
行銷業務 / 張媖茜、黃崇華

總 編 輯 / 何宜珍
總 經 理 / 彭之琬
發 行 人 / 何飛鵬
法律顧問 / 元禾法律事務所 王子文律師
出　　版 / 商周出版
台北市104中山區民生東路二段141號9樓
電話：(02) 2500-7008　傳真：(02) 2500-7759
E-mail：bwp.service@cite.com.tw
Blog：http://bwp25007008.pixnet.net./blog
發　　行 / 英屬蓋曼群島商家庭傳媒股份有限公司城邦分公司
台北市104中山區民生東路二段141號2樓
書虫客服專線：(02)2500-7718、(02) 2500-7719
服務時間：週一至週五上午09:30-12:00；下午13:30-17:00
24小時傳真專線：(02) 2500-1990；(02) 2500-1991
劃撥帳號：19863813　戶名：書虫股份有限公司
讀者服務信箱：service@readingclub.com.tw
城邦讀書花園：www.cite.com.tw
香港發行所 / 城邦（香港）出版集團有限公司
香港灣仔駱克道193號超商業中心1樓
電話：(852) 25086231傳真：(852) 25789337
E-mailL：hkcite@biznetvigator.com
馬新發行所 / 城邦(馬新)出版集團【Cité (M) Sdn. Bhd】
41, Jalan Radin Anum, Bandar Baru Sri Petaling, 57000 Kuala Lumpur, Malaysia.
電話：(603)90578822　傳真：(603)90576622　E-mail：cite@cite.com.my

封面設計 / COPY
印　　刷 / 卡樂彩色製版有限公司
經 銷 商 / 聯合發行股份有限公司　電話：(02)2917-8022　傳真：(02)2911-0053

2019年（民108）01月初版
2024年（民113）01月04日初版17刷

定價380元　Printed in Taiwan
ISBN 978-986-477-539-2　

城邦讀書花園
www.cite.com.tw

國家圖書館出版品預行編目(CIP)資料

童話裡隱藏的世界史 / 朴信英著；蔡佩君譯. -- 初版. -- 臺北市：商周出版：家庭傳媒城邦分公司發行,
民108.01　320面；14.8*21公分　ISBN 978-986-477-539-2(平裝)　1. 世界史　2. 通俗史話　711　107015868

WHY
DOES
PRINCE
CHARMING
WANDER
AROUND
?

WHY
DOES
PRINCE
CHARMING
WANDER
AROUND
?

WHY DOES PRINCE CHARMING WANDER AROUND ?

WHY
DOES
PRINCE
CHARMING
WANDER
AROUND
?

WHY DOES PRINCE CHARMING WANDER AROUND ?

WHY
DOES
PRINCE
CHARMING
WANDER
AROUND
?